コロッケの丸かじり

東海林さだお

朝日新聞社

コロッケの丸かじり*目次

装丁デザイン　多田進

コロッケの丸かじり

◉ビーフンと日本人

こういうことってありませんか。

朝、歯をみがいているときなどに、不意にあるメロディーが頭の中に浮かんできて、そのあと、しつこく、しつこくそのメロディーがくり返される。

全く突然、〽吹～け～ば飛ぶよ～な将棋の～コマに～、とか、〽ヨコハマー、タソガレー、とか、それまで頭の中で考えていたこととは無関係にメロディーが流れ始める。

歯をみがいている当人に何の相談もなく、脳が勝手に歌を歌い始める。

ぼくにはしょっちゅうそういうことがあって、ついこのあいだは、ケンミンノ～ヤキビーフンだった。

朝、テーブルでミカンを剝いていたら、突然、ケンミンノ～ヤキビーフンが始まった。

ミカンを剝きつつも、ケンミンノ～ヤキビーフンが頭の中で何回も何回もくり返されている。

ケンミンノ～ヤキビーフンには不思議なリズムがあって、何十回かくり返しているうちに、フとミカンをテーブルに置き、ケンミンノ～ヤキビーフン、と立ちあがり、ケンミンノ～ヤキビーフン、と歩き出し、ケンミンノ～ヤキビーフン、ア、ソレ、と、両手が盆踊りの手つきになって

いくのだった。
　そういえば焼きビーフンてどんなものだっけ？
　焼きそばみたいだがそばじゃない、ア、ソレ、ビーフンだから米の麺、ア、ドッコイ、と、テーブルを一周し、食ってみたいな焼きビーフン、と、玄関に至り、ケンミンノ～ヤキビーフン、と外に出、ケンミンノ～ヤキビーフン、ア、ソレ、と行きつけのスーパーに向かうのだった。
　焼きビーフンを最後に食べたのは何年ぐらい前だっけ。

いつ、どこで、どういう状態のものを食べたのか記憶にない。

とにもかくにもスーパーの麺のコーナーに向かう。

ありました、焼きビーフンではなく、干麺の状態のもので、ケンミンではなく台湾からの輸入物。一袋三人前、一五〇グラム。

袋のうしろに焼きビーフンの調理法が書いてある。

まずビーフンをお湯に3～5分つけておいて水を切る。具は豚肉、キャベツ、ニラ、人参、椎茸などで、これらを細く切って油で炒める。

両者を一緒にしてスープ二カップを入れてフタをして3～5分ほど蒸し煮にする。味つけは、塩、醤油、オイスターソースなど適宜。

スーパーから帰ってきたころには、ア、ソレ症候群はすっかり治まっていて、きわめて冷静に、手順よく焼きビーフンができあがる。

いーい匂い。

見かけはまさに焼きそば。ニラの緑とニンジンの赤が鮮やかだ。

箸ですくって一口。

すすりこもうとすると、麺なのにズルズルとすすりこめない。

ビーフンたちが抵抗の姿勢を示すのである。

それでも強引にすすりこもうとすると、更に抵抗する。

明らかにすすりこまれるのを嫌がっている。
仕方なくスパゲティ風にグルグルとまとめて口に入れると、こんどはモサモサする。
うどん、蕎麦、そうめん、スパゲティなどの小麦粉系とは明らかに違う口ざわりだ。
モサモサ、そしてちょっとザラザラ。
日本人が麺一般に要求する腰がない。

そこのところにちょっと違和感がある。
じゃあ、まずいのかというと全然まずくない。
というよりとてもおいしい。
突然ではありますが、焼きビーフンはチャーハンなのです。
米を米粒のまま炊いて炒めたのがチャーハン。
米を粉にし、麺にして油で炒めたのが焼きビーフン。
だから焼きビーフンが旨くないわけがない。
当然、
「きょうのお昼はチャーハンにしよう」
という人がいるように、
「きょうのお昼は焼きビーフンにしよう」

という人がいても不思議はないのだが、そういう発想の人はまずいない。

それにビーフンを食べさせてくれる店がめったにない。

日本は瑞穂の国と言われ、米がなければ夜も日も明けないはずなのに、ビーフンに関してはなぜか冷たい。

なぜでしょう。

できあがった焼きビーフンを食べながらつくづく考えました。

ビールなんかも飲みながらあれこれ考えました。

あ、ついでに言っときますが焼きビーフンはビールに合います。

焼きビーフンの横にちょっと紅生姜なんか置いた日にゃ、もうたまらんです。

なぜ日本人はビーフンに冷たいのか。

農業国だった日本人は腰を非常に大切にする。

鍬をふるって大地を耕すには腰がすわってなければならない。

お相撲さんも腰が大事だ。

辞書をひくと、腰が重い、腰砕け、腰抜け、腰が低い、など腰に関する言葉が非常に多く出てくる。

うどん、蕎麦、そうめん、中華そば、いずれも腰がないと評価されない。
ビーフンももうすコシ腰があれば、という人は多いようですよ。

◉ハヤシ参考人の主張

ハヤシライスを知らない日本人はいない。

日本人なら一度はハヤシライスを食べたことがあるはずだ。

日本人にあまねく知れわたった存在、それがハヤシライスである。

ここまではよろしいですね。

合点いただけましたね。

それなのにハヤシライスをメニューに載せている店は少ない。

ちょっと高級な洋食屋、たいめいけんとか精養軒などのメニューにはあるのだが、いざ、そういう店に入ってメニューのはじからずうっと見渡していって、「ハヤシライス」の文字が見えたとき、

「おう、ハヤシライス、あった。ようし、いってみよう」

と、ヒザをポンとたたきますか。

「カキフライ」なんかだったらヒザポンはありうる。

「カツカレー」なんかもありうる。

カレーには
ポークカレー、ビーフカレー
チキンカレー、野菜カレー
などいろいろあるのに
ハヤシにはなぜ
そういうものがないのか
というご質問でござい
ますが……
ハヤシ参考人

「ハヤシライス」は、やっと久しぶりに巡り合えたというのにヒザポンにはならない。

　さあ、なぜでしょう。

　いまやテレビＣＭの古典となった、南利明がやっていた「オリエンタルカレー」のＣＭ。

　あのＣＭでも、オリエンタルカレーはカレーを中心に話を進めていて、ぜひ食べてください、と、強くアピールしているのに対し、ハヤシのほうは、

「ハヤシもあるでよ」

と、もしよかったら、あ

のォ、ハヤシのほうも一回ぐらいは食べてみませんか、という消極的な勧め方になっている。

で、じゃ、まあ、と、一回ぐらいは食べてみるわけです、そのＣＭを見た人は。

すると、これがどうにも要領を得ない味なんですね。

決してまずくはないのだが、うん、これこれ、この味、という決め手がない。

これだけは主張したい、ということが見えてこない。

肉汁をよく煮詰めて作ったドミグラスソースのおいしさはよくわかる。

玉ねぎやマッシュルームなどの野菜のダシもよく出ている。

トマトの酸味とケチャップ風の甘味もある。

ワインやマデイラ酒の風味もほのかに感じる。

ハヤシのソース自体もおいしいが、いっしょに入っている牛肉の薄切り肉も確かにおいしい。

ハヤシにはいろんなおいしい要素がいっぱい詰まっている。

会議などで、グダグダと要領を得ない発言があると、

「要点を言いなさい、要点を」

という注意を受けるが、ハヤシライスはまさにそれ、要点がない。

カレーライスだったら「辛いです」と、ただ一言。きっぱり。

ハヤシとビーフシチューはよく似ているが、ビーフシチューのほうは、「ようく煮こんだ牛肉の塊のおいしさです」と、ズバリ。

ここに於いて、〝ハヤシライスは何を主張したいのかよくわからない疑惑〟というものが急に発生したことになる。

この疑惑は全国民的に解明されなければならない。

当然、衆議院の特別委員会にハヤシ君を参考人として呼び、本人の主張を聴取しなければならないことになった。

「ハヤシ」の由来2説
牛肉をこま切れにするという意味のハッシュドビーフがハヤシになった
「丸善」の創業者早矢仕有的が考案した

質問人「余計なことは一切言わないでいい。一言、主張を簡潔に一言で表現してもらいたい」

委員長「ハヤシ参考人」

ハヤシ参考人「とりあえずソースとお考えいただきたい。

ゴハンにかけて食べるソース。そして、そのソースの中にある薄切りの牛肉、これをシチューとお考えいただきたい。こう考えてまいりますと、ハヤシというものは……」

質問人「一言で、と言っておるのに、どうもこの、ハヤシ君はいつも要領を得ない。質問を変えましょう。

世の中にはカレーうどんというものがある。カツカレーというものもある。なのにハヤシうどん、カツハヤシはなぜないのか。このあたりのことからお伺いしていきたい」

ハヤシ参考人「そのような料理を食べたいという人がいない。こういうことでございます」

質問人「ゴホン。アー、ゴホン。いまやカレーはブームと言われておりましてあちこちにカレー専門店ができております。

しかるにハヤシ専門店というのは聞いたことがない。このあたりのこともハヤシを事業としておる者として、大いなる反省材料となさる気はあるのか、ないのか、そこのところを明確にご回答願いたい」

上野精養軒の
ハヤシライスには
福神漬けがつく
こげ茶色の

ハヤシ参考人「ハヤシ専門店をやりましても客がこない。こういうことでございます」

質問人「ゴホン。アー、ゴホン。先ほどハヤシ参考人から、ハヤシはゴハンにかけるもの、という主旨のご発言がございましたが、わたくし常々考えておることでありますが、ゴハンのおかずというものは基本的に塩気のあるものが合う。しかるにハヤシのソースは甘い。

甘いものはゴハンに合わないのです。ここにハヤシライスが持っている根元的な問題がある！

ハヤシのソースを塩《しょ》っぱいものにすればもっと需要が増えるはずだ。ハヤシのソースを塩っぱくする気はあるのかないのか、それを伺いたい」

ハヤシ参考人「ハヤシのソースを塩っぱくするとハヤシではなくなる。こういうことでございます」

◉目玉焼きかけご飯

いまブームの卵かけご飯を、またもや作って食べていてふと思った。

卵かけご飯がこれだけおいしいのだから、目玉焼きかけご飯もおいしいのではないか。

いや、だめ、それはおいしくないに決まってる、やめなさい、そんなの、という声がぼくには聞こえてくる。

まあ聞きなさい。

簡単ご飯の古典にバター醤油かけご飯というものがありますね。

なにしろ古典として残っているくらいだから、これがまためっぽうおいしい。

わが想定の目玉焼きかけご飯の目玉焼きは、バターで焼くのです。

しかも、たっぷりのバターで焼くのです。

おおっ、と、思わず身を乗り出してきましたね。

そうなのです。

単なる目玉焼きかけご飯ではなく、バター醤油かけご飯と、目玉焼きかけご飯の合併版というわけなのです。

この合併がおいしくないわけがない。

思いついて試行錯誤することいくたび、夢のような目玉焼きかけご飯が完成したのです。

目玉焼きをどのくらいの硬さにするか、ここが大きなポイントです。

ラーメンの名店などによく入っている半熟の、箸で突くと破れてドロリと流れ出すあの硬さ……よりもうちょっと軟らかめ、これに決まりました。

弱火で熱したフライパンにたっぷりのバターを入れ

る。大さじ山盛り一杯。

すぐに卵をジュッと落とす。

目玉焼きだから当然二個。

熱すること1分30秒。

炊きたてほかほかのご飯の上にフライパンからスルリと載せる。

そしていいですか、ここがポイントなのですが、スルリの上にもう一度バターを載せる。大きさは1センチ角ぐらい。

バターは熱すると香りが飛んでしまうので改めてバターの香りを楽しもうというわけです。

そのバターが溶けたところでその上からお醤油をタラタラタラタラ。できたら卵かけご飯専用のお醤油がいい。

これで完成です。さあ、やっちゃってください。

卵かけご飯の場合は、黄身と白身が入り混じったものをおかずとして、いきなりズルズルとすすりこむことになるわけだが、目玉焼きの場合は黄身と白身がまだ別々になっている。

つまり、卵かけご飯の場合はおかずは一つだが「目玉焼き……」のほうは二種類のおかずがあることになる。

さあ、どっちからいったらいいか。

ま、楽しく迷ってください。

ぼくの場合はこうなりました。

まずドロリとした白身とバターと醤油の、わりとさっぱりした味を味わい、次に黄身とバターと醤油の味に移り、最後は両者混合の味を楽しむ。

やはり一番おいしかったのは黄身で、もうね、あれです、ねっとりの極致、半熟のドロリとした黄身が、バターと醤油を伴ってねっとりと舌にからみつく、というか、ねとりつくというか、べたつくというのとも違い、まとわりつく、というのとも違って、舌の味蕾《みらい》と味蕾の間にぬめりこむ、といったらいいのか、うん、そう、あれです、舌と黄身の濃厚なキッス。

わたしは
丼で食べたい
目玉焼き丼
として
食べたい

黄身が舌に抱きつき、舌が黄身を吸いよせる。

半熟卵の黄身と舌は相思相愛だったんですね。

その相思相愛を、うんうん、許す、もっとハゲしくてもいいよ、と味わっているひとときというものは、もう、たまらんです。

卵かけご飯の場合は、せっかく炊きたての熱々ご飯を用意しても、生卵は冷たいからどうしてもご飯が冷えてしまう。

そこのところの解決策はないのだが、「目玉焼き……」のほうは両者が熱々の上に舌と黄身もアツアツの仲だから、その辺一帯の乱れぶりは、想像するだに恐ろしい。

卵かけご飯は醤油に限るが「目玉焼き……」のほうはどうなのか。

ふつう、目玉焼きはウスターソースで食べる。

目玉焼きとハムのハムエッグの場合は塩と胡椒《こしょう》ということになる。

いかにも両方とも「目玉焼き……」に合いそうな気がするが、やはり断然醤油です。

醤油以外は全く合いません。

卵かけご飯にマヨネーズは合いません
キッパリ

というわけで、うっとりと幸せにひたりつつ目玉焼きかけご飯を食べていたのですが、そのときまたしても、ふと、頭にひらめくものがあったのです。

そうして、目玉焼きかけご飯は、更なる発展を遂げることになったのです。

このとき目玉焼きかけご飯はもう一段階進化したのです。

いいですか、落ちついてくださいよ。

白身、黄身、両者混合と食べ進んでいったら、そこんとこへマヨネーズをちょこっと混ぜちゃってください。

そしたらそれをかっこんじゃってください。

わかってますよね、マヨネーズは卵でできているってことを。

相思相愛の舌と黄身が濃厚なシーンを演じているところへ、卵の大親分が乗りこんでいくんですよ。

もう、どうなったって知らんよ、わしは。

◉馬鹿にできない「馬鹿鍋」

「馬鹿鍋を食べさせる店がある」

という話を聞いたのは、暮れも押しつまってくる十二月の初めだった。

日本人は無類の鍋好き民族なので、大抵の食材は鍋にしてしまう。

肉でも魚でも野菜でも、何でも鍋にしてしまう。

景気なんてものまで、鍋底景気などといって、わざわざ鍋を持ち出してきて判断の材料にしたりする。

馬鹿鍋とは読んで字のごとし、馬と鹿の鍋だという。

馬と鹿の鍋であって、〝お利口さんでない鍋〟という意味ではない。

などと、わざわざ断るのも馬鹿馬鹿しいくらい馬鹿げているのだが、馬鹿鍋そのものはなかなか馬鹿にできない鍋だという。

話はここで急に変わります。

わたくしは早稲田の漫研のOBでやっている野球チームの総監督ということになっている。

いうことになっている、というのは、どうもそうらしい、そんなような扱いを受けている、と

いう意味なのだが、それでも、

「おれって、これでなかなか人望あんだよね」

と、ときどきニンマリしたりしていたのだが、あるとき、ふとしたきっかけで、野球部員たちは陰でわたくしのことを「馬鹿殿《との》」と呼んでいることがわかったのである。

唖然、暗然、愕然、悄然。

馬鹿鍋の話を聞いたのは、そのことがわかった数日後のことだった。

そのとき、わたくしの頭にひらめいたものがあった。

「馬鹿殿、馬鹿鍋を食べる」

馬鹿鍋にこれほどふさわしい人物はほかにいない。

そうして更に思った。

「待てば海路の日和《ひより》あり」

このあたりの文脈は論理的につじつまが合っているのかどうか、馬鹿殿でうちひしがれている
馬鹿殿には判断がつかない。

そういうわけで、馬鹿殿はうちひしがれつつ馬鹿鍋を食べに行った。

横浜まで行った。野毛町というところへ行った。

横浜は「よこはまみなとみらい」とかいうことになって近代化された街になったが、一方で、
へえー、こんな昔ながらの横丁、そう、三丁目の夕日の時代そのままの横丁がいまもあるんだ、
と思わせる町並みの一角に、「浜幸」の看板。

ここが馬鹿鍋の店なのだ。

店内には馬関係のメニューがズラリと並んでいる。

馬刺し、馬カツ、馬モツ、馬ステーキ、馬ウィンナー、馬鹿鍋……。

馬鹿殿でしょげかえっていた馬鹿殿は、もともと珍しい料理大好き馬鹿殿なので、このメニュ
ーにもう大喜び。

「とりあえず、馬刺しと馬カツと馬ウィンナー」

と次々に注文し、生ビールと共にこれらを次々に食べ、このうちの馬カツをことのほかお気に召されたようで、

「馬い、馬い」

を連発され、ご機嫌うるわしいご様子であった。

「馬鹿鍋」。1775円。

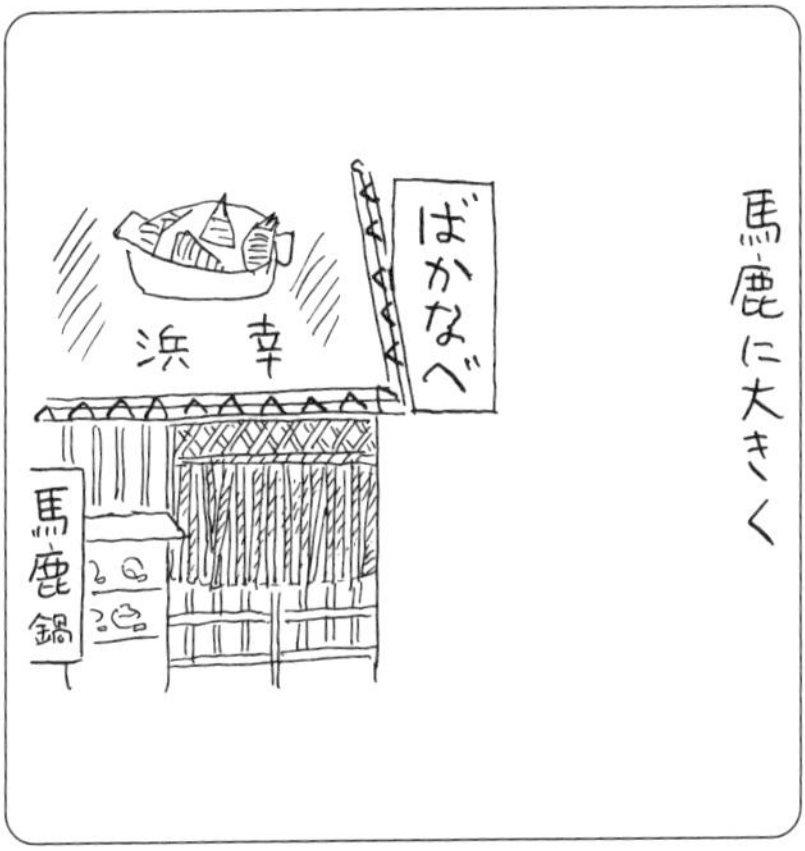

直径15センチぐらい深さ3センチほどの鉄鍋に、馬肉と鹿肉が中央で仕切られていっしょに入っている。肉の下には、玉ねぎ、ねぎ、豆腐、ゴボウ、くずきり、麩が敷きつめられ、タレもすでに入っていてこのまま火にかければよいようになっている。

馬肉も鹿肉も見た目はほとんど見分けがつかないので、馬肉側には桜、鹿肉側にはモミジをかたどった生麩がのせてあって目印となっている。

煮えたらすきやきと同じように生卵をからませて食べる。

タレはすきやき風の味つけではあるが、この店特製のタレで、馬鹿鍋用のタレであるから馬鹿タレということ

になるのだろうか。

馬肉のほうは、馬カツの肉（とても軟らかくて馬カッた）とは違うようで、やや歯ごたえのある部分を使っていて鍋にはこのほうが合うようだ。

鹿肉は馬肉より色が少し濃く、肉質きわめて軟らかく、ほんの少し獣っぽい味がかえって野趣を感じさせる。

馬鹿タレが馬肉と鹿肉によく合ってなかなか馬鹿にできない鍋となっている。

この店には馬鹿鍋のほかに単独の「さくら（馬）鍋」と「鹿鍋」もメニューにある。

だから別々にとって別々に食べてもいいわけなのだが、それだとなんだかつまらない。

〝馬鹿にできない鍋〟にならないところがつまらない。

店内は馬好きの客で満席の盛況。

一人ぐらいは、馬鹿鍋の〝馬鹿〟について何か言っている人がいるのではないか、と、耳をすまして聞いていたのだが、誰一人としてそのことに触れている人がいない。

ということは、ほとんどの客がこの店の常連ということになるのだろうか。

馬鹿鍋の肉と具を全部食べ終わったところで、うどん、または餅を入れて食べることになるのだが、この餅が上質の餅で馬鹿タレにとてもよく合って馬鹿馬、じゃなかった、馬鹿うま。

多分、この頁を読んだ人は、最初のほうに出てきた店名「浜幸」が気になったと思う。客からのこの件に関する質問も多いらしく、この店の箸袋の隅にこう書いてある。

「当店はあの浜幸とは全く関係ありません」

「あの」がいいね。

◉杏仁豆腐のぬめぬめ

嫌い、というのではなく、苦手、というのでもなく、かといって敬して遠ざけるというのでもなく、もちろん大好きなのだが、どうも気軽に食べられない、そのものを目の前にするとモジモジしてしまう、そういう食べ物がぼくにはある。

そのあたりのことをうまく言えなく困っているのだが……杏仁豆腐《あんにんどうふ》です。

杏仁豆腐が食卓に出てくるとスッと手が出ていかない。気後れがする。

杏仁豆腐を目の前にして、顔を赤くしてモジモジしているおじさんというものは、端から見るとどういうふうに見えるのだろうか。

本当は好きな女の子なのにわざと意地悪をする男の子、というのがありますね。

うん、ぼくと杏仁豆腐との関係は多分にそういうところがある。

だが、それだけではないところが厄介なのだ。

ぼくの場合は杏仁豆腐がただ〝好き〟なだけではなく、そこに〝尊敬〟が加わっているからなのです。

ほうら、ずいぶん厄介な関係でしょう。

いま
この人の
口一杯に
入って
いるものは
何でしょう
ブニュ
(一部)

だからさっきの男の子のように、相手（杏仁豆腐）に意地悪をしたりいじめたりすることもできない。

しかも、そんなに好きで尊敬しているものを、自分の口の中に入れて食べてしまう。

心の中は実にもう複雑、大混乱、大葛藤。

なぜぼくと杏仁豆腐はそのような関係に陥ってしまったのか。

杏仁豆腐はいまでこそ、プリンやゼリーやヨーグルトのカップなどといっしょにコンビニの棚に並べられているが、元を糺《ただ》せば高貴な育ちのお方だったのである。

いまから二十年ほど前までは、杏仁豆腐はどこにも売ってなかった。

デパートでさえ売ってなかった。

ではどこでどうやって食べるのかというと、高級中華料理店に行って食べるよりほかなかった。

高級中華料理店でコース料理を食べると、最後のデザートとして出てくるのが杏仁豆腐だったのである。

そのころの後遺症がいまだに残っていて、杏仁豆腐に出会うとついモジモジしてしまうのである。


身分が違う、そう思ってしまう。

その身分違いのわたくしめが、高貴なあなた様を、あれ、このように、スプーンで手荒くすくいあげたりして、おら、はあ、申しわけねえことだけんども、もうどうすることもできねえだ、お許しくだせえまし、と、お姫様と田吾作のような心境になってしまう。

杏仁豆腐は白磁を思わせるような白一色。清潔、無垢、清浄。

すべすべした白いお肌、ふるふるしたその物腰、ぬめぬめと湿った舌ざわり、にょろにょろした立ち居振る舞い、にゅるにゅるした腰のくねり、飲み物でなく、噛み物でなく、媚態さえ感じさせて舞台の袖に消えていく雅やかなその風情、そしてかすかな残り香。

この、残り香がまたただものでなく、かすかななかに高貴なものを感じさせるものがある。

高貴な香りとはどんな香りかと訊かれるととても困るのだが、えーとですね、龍宮城の乙姫様のお肌の香りはきっとこんな香りだろうな、と思わせるような香り。

杏仁豆腐はそんなふうに、食べた人をしてうっとりさせる。

一口、口に入れて味わって飲みこんだあと、大抵の人はちょっと瞑目する。

同じコンビニの棚に並んでいるプリンやゼリーでは人は決して瞑目しない。

杏仁豆腐には人を癒やす何かがある。

杏仁豆腐は、杏の仁（種の中の芯。梅干の天神様に相当）から作ることになっており、この仁には薬膳としての効能がある。

その薬膳的なものが、食べた人をうっとりさせるということは考えられる。

それとこれはぼくだけのことなのかもしれないが、杏仁豆腐を口に入れて飲みこむとうっとりし、うっとりしたあとなんとなく女性的な気分になる。

なんとなくナヨナヨしてしまう。

杏仁豆腐をスプーンですくいあげる小指がいつのまにか立っている。

いつのまにか、左の手のひらの親指を内側に折りまげて手の甲のほうを右頬に押し当てていたりする。

これは多分、ぼく自身のせいではなく、杏の仁にそういう作用があるのだと思う。

コンビニの棚に並んでいるカップの杏仁豆腐は、ヨーグルトなどと同じくドロリとしてスプーンですくって食べるようになっているが、昔は、つまり高級中華料理店のデザートの時代はドロリではなく菱形だった。

いま考えるとなぜ菱形なのかわからないが、当時は誰もが杏仁豆腐＝菱形に何の疑いも持たなかった。

菱形の軛《くびき》から解放された杏仁豆腐は、形を持つ必要がなくなったためずいぶんゆるく軟らかくなった。

そして大きさも無制限になった。

中には豆腐一丁分の大きさのものもある。

その豆腐一丁分の大きさのものを是非買ってきて是非次のことをして欲しい。

豆腐一丁分の中にラーメン用の大形レンゲをザクリと差しこみ、野球のボールぐらいの大きさのものにして大口開けて口の中に放りこんでください。

その至福、法悦、恍惚、わたしが保証します。

◉お雑煮の悲運

お正月、お雑煮を食べながらお雑煮の身の上についていろいろ考えてあげた。

お雑煮は寂しがっているのです。

自分は不遇だ、そう考えているのです。

晴れがましい元旦の食卓の主役はお雑煮である。

おせちのお重が賑々しく並んでいても、一月一日の食事の最後はお雑煮でしめくくられる。

ものの始まりが一ならば、国の始まりは大和《やまと》の国、大和の国といえば瑞穂《みずほ》の国、瑞穂の国といえばお米の国、お米の国ニッポンは、お米に敬意を表してお雑煮で一年をスタートさせる。

そのぐらい大事にされているのに、お雑煮は自分は不遇をかこっていると思いこんでいるのだ。

なぜか。

お雑煮は一年のうち一度だけ、つまり元旦だけ、晴れの舞台に登場したあとお呼びがかからない。

そこのところがお雑煮は不満でならない。

日本人にとってそんなに大切で人気がある自分であれば、たびたびお呼びがかかって当然なの

だ。

確かに日本人は正月以外にはほとんどお雑煮を食べない。

ぼくなんかは、正月以外にもときどきお雑煮を食べたいと思うことがあるのだが、食べようと思っても食べる機会がない。お店がない。

瑞穂の国であれば、どの飲食店にも餅のメニューがあり、定食屋にも「雑煮定食」というものがなければならないのだ。

ラーメン屋には「ラーメンライス」があるように、

お雑煮でライスを食べる「雑煮ライス」がなければならないのだ。

いっとき、コンビニなどで「カップ雑煮」や「カップ汁粉」などを売っていたがいまはあまり見かけない。

なぜ日本人は正月以外お雑煮を食べようとしないのか。

お雑煮の姿、形から考えてみよう。

お雑煮は地方によっていろいろに違うが、関東地方に限ってみると、まずツユはおすまし系。

そこへカマボコ、鶏肉、小松菜などの具が並び、そして底のほうに四角い餅が一個か二個沈んでいる。

この〝沈んでいる〟というのがいけないのではないか。

主役なのに沈んでいて姿が見えない。

お雑煮は蕎麦《そば》やうどんなどと同じ〝ツユもの〟の一種である。

蕎麦やうどんはグループを形成していて、グループの一部は底に沈んではいるが、グループ代表が表面にきちんと姿を見せている。

主役が姿を見せないということに、人々は不首尾の影を感じる。

何らかの事情があって人々の前に姿を見せることができないのだ。

不始末、悲運、雲隠れ、そうした不幸の気配がお雑煮の椀上に漂っているように思ってしまう。

〝沈んでいる〟という状態は、もう一つの不幸を連想させる。

いっとき水面でおぼれていたが、やがて力尽きて水底に沈んでいまはすっかり静かになっているもの。

そういう土左衛門的状態になったものを、水底から引きずり上げて齧《かじ》ることになるのだが、一部分齧り取ったあと、また水中に沈めてしまう。

この、再び〝水中に沈めてしまう〟とき、なんだかあと味がわるい。

ワーイ
ワーイ
お雑煮だーい
と
喜んだあと
それっきり

道徳的にいけないことをしているように思ってしまう。

お雑煮自体はおいしいのだ。

だけれども、それを食べるときに伴う行為の数々が晴れがましくない。

ばかりか、心理的に滅入る風景、そして行為が多い。

要するに、姿さえチラとでいいから見せてくれさえすれば、すべての問題は解決するのだ。

それには、オモチャのような小さな炬燵《こたつ》やぐらを作ってお餅をその上に載せ、チラとお餅の背中あたりを見せるという方法はどうか。

こういうものがやがて日本各地で〝お餅やぐら〟として用いられるようになり、お屠蘇《とそ》セットなどといっしょに正月用品として、暮れのデパートなどで並べられるようになることを望みたい。

お雑煮の餅は確かにおいしい。

焼いた餅と、熱いツユでゆるんだ餅とではその伸び方が違う。

焼いた餅はネチッと伸びるが、煮た餅はユルユルとゆるんで長く垂れて伸びる。

どういうわけか、日本人は餅が長く伸びると喜ぶ。

長く伸びれば伸びるほど喜ぶ。

「ホラ、こんなに伸びる」

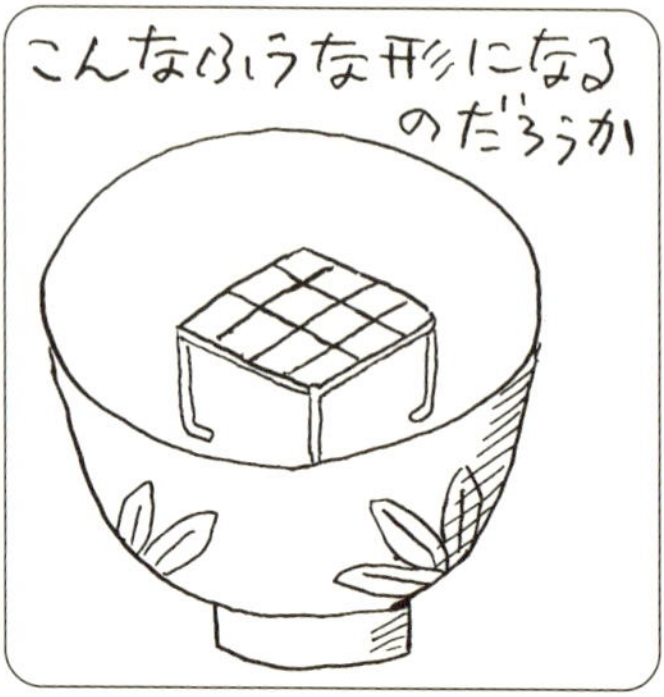

と言ってわざわざ人に見せ、見せられたほうも「アラ、そんなに」と言って喜ぶ。

外国人が見たら、餅が伸びるとなぜそんなに嬉しいのか、理解に苦しむに違いない。

お雑煮を外で食べるのはむずかしいが一つだけ方法がある。

池波正太郎の食べ歩きの本に「抜き」という言葉がしばしば出てくる。

蕎麦屋で「天ぷら蕎麦の抜き」を注文すると、天ぷら蕎麦から蕎麦を抜いたものが出てくる。

蕎麦屋には「力うどん」もメニューにある。

「力うどんの抜き」すなわちお雑煮ということになる。

つい、まちがって、

「力うどんの力抜き」

などと注文すると、お店の人はワケがわからなくなって、ヘナヘナと力が抜けてしまうから気をつけるように。

◉レンコンの穴

気の知れない人というのは、どこにでも、どんなグループにも一人はいる。

こういう人とは胸襟を開いて話をすることができない。

野菜仲間にも気の知れないのが一人いる。

レンコンである。

たとえば根菜仲間でパーティを開いたとする。

さつま芋、里芋、じゃが芋、大根、人参、ごぼうなどですね。

なにしろ土の中という共通の環境の中で生活しているわけだから、共通の話題にはこと欠かない。

湿った土の肌ざわり、土を少しずつ押しのけて伸びていく喜び、土の中の暮らしの楽しさ、辛さ、語り合うことはいくらでもある。

レンコンも根菜類であるから当然このパーティに参加するのだが、ただ一点、みんなと話が噛み合わないところがある。

体の中に穴が開いている、という点である。

かじった跡は
だいたい
こんな感じに
なります

ここんところでどうしても話がややこしくなる。

レンコンの穴は空気を通すための通気孔だという。

自分の体の中に爽やかな空気が流れこんでくるときの喜び、体の内壁が常に空気に触れている快感、そういうことについて仲間と語り合いたい、そう思って語りかけるのだが、さつま芋や大根たちには何のことだかさっぱりわからない。

ヘンなことを言うヘンなやつ、ということになって根菜仲間からだんだん嫌われるようになる。

つまりレンコンは穴のことで仲間から嫌われるのだが、人間はこの穴を歓迎する。

まず辛子レンコン業者。

「もしレンコンに穴がなかったら、わたしらの商売は成りたちません」

と言って涙ぐんでいる。

「もしレンコン側が『あと三年ですべての穴を塞ぐことになりました』と言ってきたらたちまち倒産です」

と言って目をうるませる。

和食関係の商売の人もレンコンの穴大歓迎である。

「もしですね、レンコンに穴がなくて、輪切りのレンコンの一つ一つにああいう穴を開けるとしたらえらい手間でっせ」

と言ってレンコンに手を合わせる。

レンコンは土の中でデザイン加工済みとなって人手をわずらわせない。

またそのデザインは秀逸で、ちらし寿司、おせち料理、天ぷらなどには欠かせない存在となっている。

つまり、レンコンの業態は〝穴業〟である。

この穴業を心よく思わない人もいることはいる。

外国人がそうらしい。

チクワを初めて食べた外国人が、

「卑怯ではないか。この空洞の部分をどこへやった。穴の分の値段を引け」

と言ったとか言わなかったとかの話があるが、レンコンの場合は更に激怒するのではないか。

チクワは一本だがレンコンは何本も〝抜いて〟あるのだ。

レンコンの主たる業務は穴業だが、もう一つ〝シャキシャキ業〟も営んでいる。

酢バスのシャキシャキ、煮物のサクサク感は、他に類があるようでない。

レンコンのシャキシャキ、サクサクの快感はたとえようがない。

誰が一番喜んでいるかというと、歯が喜んでいる。

ふと気がつくと、歯が一人で勝手にシャリシャリ、サクサクを楽しんでいる場合が往々にしてある。

歯はあれで毎日の生活がつまんないらしいですよ。

歯には自由がない。

歯はアゴに埋めこまれていて動こうにも動けない。

自分が嫌いなものが口の中に入ってきて（納豆が嫌いらしい）、ああ嫌だなあ、と思っても、アゴがガクガク動けば結局噛むことになる。

まあ、おおむね、嫌なことが多いらしいですよ、口ん中の生活は。

そういう日常のところへレンコンが突然入ってくる。

そうなると歯は、そうら来た、やっと来た、と、もう大喜びで、そうなればレンコンも悪い気はしないわけで、二人でシャリシャリ、サクサク、手を取り合って大喜びしているのが噛んでいる間中手に取るようにわかる。

そこでわたくしは考えました。

レンコンは煮物の主役である
なのにおでんダネにならないのはなぜか

ああいうふうに輪切りにしたレンコンのシャリシャリ、サクサク感が秀逸であるならば、うんと分厚く、いやいやもっと大きなカタマリだったら、その歯触りの快感はこの上ないものとなるのではないか。

つまり、レンコン丸ごと一本そのまま姿煮の丸かじり……。

本当にやってしまいました。

直径7・5センチ、長さ9センチのレンコンの一節の皮を剝き、和風ダシの煮汁で煮ること30分、そのまま煮汁につけること30分。

その巨大な棒は箸では持てないので手で持って口に近づけて

いきながら考えました。

日本人でレンコン一本姿煮の丸かじりをやった人はいないのではないか。

つまり前人未到の快挙なのではないか。

大口あけてゴリッと噛みつき、ペリッとはがす。

口一杯のレンコンのカタマリ。

やっぱりレンコンは切ったものを食べるものだということがようくわかり、快事を行った、という気にはなれんかったです。

◉講演「チャンポン麵」

みなさんこんにちは。

本日のわたくしの講演に、かくも多数のご来場を賜り感謝に堪えません。

さて、本日のテーマは「チャンポン麵の今後」であります。

なぜ、いま、突然チャンポン麵なのか、みなさんはそう思っておられるにちがいありません。

えー、世の中はいまラーメンブームであります。

テレビや雑誌は明けても暮れてもラーメン、ラーメンであります。

いまから二十年ぐらい前に、このことを予想した人がおったとでしょうか。

ラーメンなんて、あんな取るに足らん食べ物が、こんな展開になると予想した人はおらんかったわけであります。

実はこのラーメンブームには、陰の仕掛人がおったという話もささやかれておるわけでありまます。

しかし、かくも大ブームとなったラーメンも、次第にその影が薄くなりつつあります。

次にブームになるのは何か。

ある日わたくしの頭にひらめいたものがあります。それは、

「次はチャンポン麺の時代だ」

というものであります。

いま、みなさんお笑いになりましたね。

いまから二十数年前、もし「ラーメンがブームになる」と言った人がいたとしたら、みんなの嘲笑を浴びたにちがいありません。ね、それと同じことなのです。

わたくしはいま、やがて到来するチャンポン麺ブームの一助となるべく、こうして地味な講演活動を行っておるわけであります。

本日の会場だって、いまでこそ「幸徳稲荷神社集会所」でありますが、やがては神田一ツ橋講堂、あるいは日本武道館、そういったところで大々的に挙行されるようになることは間違いないのであります。

さて聴衆のみなさん、チャンポン麺はご存知ですよね。

ご存知の方はちょっと手を挙げていただけますか。

ヒー、フー、ミー、ヨー、おお、全員が知っておられる。

では次に伺いますが、チャンポン麺を食べたことがある方、手を挙げてください。

おお、何とたったお一人。全聴衆十一人のうち一人しかおられない。

そうなのです。チャンポン麺というものはそういうものの典型なのです。名前はみんなが知っているが食べたことのある人はほとんどいないという典型。

しかもですね、一度食べたぐらいではどういう内容でどういう味だったかなかなか思い出せない食べ物。

さっき、お一人だけ手を挙げた方、もしよろしかったらみなさんにチャンポン麺とはどういうものか、説明してあげていただけませんか。

まず、いつごろお食べになりました？　え？　長崎に？　出張したときに一度食べたことがある。その出張というのはどういう出張でしたか？　え？　その件に関しては？　刑事訴追のおそれがあるので答えはさしひかえさせていただきたい？　ごもっとも。あ、ごもっともなんて言っちゃいけないいんだな。

　ハイ、ハイ。食べたのは五年前でスープはトンコツラーメンのように白濁して、塩味だったような気がするがはっきり覚えてないと。麺は中細で中華麺だったような気がするがあまり記憶にないと。具は確かキャベツ？　イカ？　カマボコ？　モヤシで安いもんばっかという印象があるがはっきりしないと。

長崎名物
チャンポンと皿うどん
を混同する人は多い
チャンポン
（汁あり）
皿うどん
（汁なし）

ね。まだ五年前のことなのに、このぐらい記憶が曖昧になってしまう食べ物なんですね、チャンポン麺というものは。

じゃあ、おいしくないのか。

おいしくないから記憶に残らないのか。

実はわたくし、出身が長崎であります。

長崎市内には百数十軒の中華料理店がありまして、チャンポン麺を食べさせる店は更に多く何と千軒以上もあるのです。

　つまり多くの市民がチャンポン麺を愛好しておるのです。

おいしいから愛好しておるのです。

ばってん、まずかろうはずはなかとですたいと言えるわけですたい。

ここで地元代表として、チャンポン麺の実態をお話ししておきたいと思います。

その実態は「タンメンの一種である」とお考えになっていただくとわかりやすい。

タンメンではあるがスープは白濁している。トンコツラーメンのように白濁している。

丸鶏と豚骨と鶏ガラで作るというから作り方は似てるけどトンコツラーメンほどはしつこくない。

長崎チャンポン
江戸べらぼう
なんて言葉があったっけ

麺は中太のストレートの中華麺で具は実にもういろいろです。

イカ、タコ、エビ、カマボコ、チクワ、キャベツ、ニンジン、モヤシ、ま、台所のそのへんにあるもの何でもということになりますね。

チャンポン麺とタンメンの違いは、麺と具とスープをいっしょに煮こむという点にある。

そのため麺が柔らかめになり、スープ全体がミルキーになってめっちゃおいしい。

といったようなことで本日の講演を終わりますが、ここにこのようにチャンポン麺をたくさん用意しました。

本来ならば一個３５０円のところ、本日は特別価格２９０円で特別にみなさんにお分けします。

ハイ、並んで並んで。

◉タイの駅弁とは？

外国にも駅弁はあるのか。

あるんです。

東南アジアのタイ、ここには駅弁がある。

なぜそんなことを断言できるのかというと、京王デパートでタイの駅弁を売っていたからです。

それを買って、しかも食べた身の上としては、誰はばからず断言できる。

しかもそれがおいしかったから、誰はばからず自慢したい。


京王デパート恒例の全国駅弁大会で、会場の一角に「ガパオラートカーオサイクロン」と名付けられた駅弁が売られていた。

これがタイのアユタヤという駅の駅弁だった。

「ガパオ……」というのは、タイ語で「豚肉の挽き肉バジル炒め」という意味で、実際は筍、ピーマンといっしょに炒められていて、見た目は日本の豚肉の生姜焼きに似ている。

おかずはこれと目玉焼きの二種類だけで、お新香みたいな存在なのか、ワケギ風の細くて長い

このおばちゃんは何をしているでしょう？
ガシガシガシガシ
ガシ
茶
山陽本線西明石駅の「ひっぱりだこ飯」

（10センチ）ネギが一本、ゴハンの上にナナメに添えられている。

でもって箸ではなくスプーンで食べる。

弁当に付いているスプーンということになると、日本だったら当然プラスチックだが、タイ国のはステンレス風、しかもピッカピカ。

このピッカピカのスプーンがなんだかとても嬉しく、しかも異国情緒さえ感じさせ、食べる前から、

「あー、このスプーン、捨てないで取っておこう」

という気にさせられる。

峠の釜めしの釜と同様の〝取っておこう症候群〟というわけですね。

容器はまっ白なプラスチック製で底が浅い。

2、3センチしかない。

うすっぺらな駅弁、という印象。

デパートの駅弁大会の駅弁は、それぞれの現地から取り寄せたりして売られているわけだから、このタイの駅弁も現地から取り寄せたのだろうか。

そうだとすると、この駅弁は当然空輸ということになり、飛行機に乗ったわけだから、いっとき空弁の時代を過ごした、ということになり、数奇な運命をたどった駅弁ということになる。

のだが、あとで聞いたところによると、日本のタイ料理店が、アユタヤ駅のものを忠実に再現したものだということだった。

では、では、と、いざ食べようとピカピカのスプーンを取り上げてふと思い出した。

この駅弁を買ったとき、売り場の人が「ようくかき混ぜて食べてください」と言っていたのを思い出した。

一人一人に念を押すように言っていたから、大切な食べ方らしい。

韓国にも駅弁があるのかどうか知らないが、あるとすれば名うてのかき混ぜ食いの民族であるから、駅弁もかき混ぜて食べるにちがいない。

しかし、どうも日本人としては、〝駅弁をかき混ぜる〟ことに抵抗がある。

そこでとりあえず、ゴハンを一口、豚肉のおかずを一口と、一口食いをしてからかき混ぜ食いに移ることにした。

ゴハンはタイ米なのでポロポロしてまずい。

豚肉のおかずは、甘みとナンプラー系の味付けでなかなかおいしいのだがかなり辛い。

次にかき混ぜ食いをしてみると、俄然味が変わってタイ米のポロポロ気にならず、バジルの香りゴハンに移り、辛みが大いに有効となった〝辛い駅弁〟となったのである。

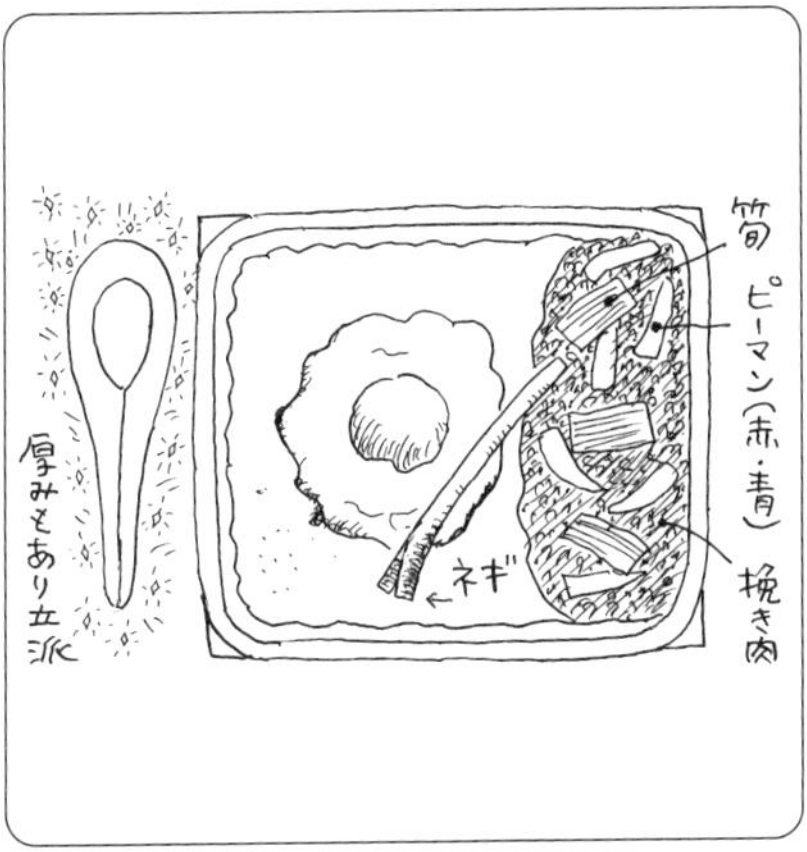

うーむ、と、そこでぼくは唸りました。

日本には〝辛い駅弁〟がない。

あるのかも知れないが少なくともぼくは出会ったことがない。

これからはやるのではないか。

それからもう一回、うーむ、と唸りました。

〝かき混ぜ食い弁当〟というのはどうか。

いまのところ日本にはそういう駅弁はないのだが、有り物でやってやれないことはない。

幕の内系の駅弁だとどういうことになるのだろう。

幕の内系ということになるとまず卵焼き、フキの煮たの、ブリの照り焼き、筍の煮たの、花の形に切ったニンジンの煮たの、桜漬け、梅干しなどが、それぞれの区画に笹の葉風ビニールや、ギザギザアルミカップで整然と仕切られて入っている。

とりあえずそれらの仕切りを全部取っ払う。

それをしばらく見つめたあと、箸を横握りにして一挙にガシガシとかき混ぜる。

しばらく見つめるのは、日本人としては決断の時間が少し欲しいからなのですね。

さあ、どうなった？

惨状、と見るか、新秩序、と見るか。

いや、これはこれで新しい味として案外いけるのではないでしょうか。

幕の内に抵抗を覚える人には、初心者用のおあつらえ向きのものがある。

峠の釜めしです。

内容ももともとかき混ぜ向きだし、器もかき混ぜ向きだ。

膝の間に力強く挟み、左手で力強く釜を押さえ、右手の箸で力強くガシガシとかき混ぜる。

カニ、イクラ、ウニなどがのった北海道海鮮系のものは、なんだかかき混ぜ甲斐がないな。
ぼくはやりたくないな。

◉銀座の手堅いランチ

「きょうは銀座でランチ」

ということになるとどういうことになるのか。

とりあえず予算は二、三千円を用意しなければなるまい。

でもって、フレンチにするか、イタリアンにするか、和食にするか。

どれにするにしても、なにしろ銀座であるから超一流店ばかりだ。

「マキシム」あり「ベル・フランス」あり「吉兆」あり「金田中」あり「ラ・ベットラ・ダ・オチアイ」あり「エノテーカ ピンキオーリ」あり「ル マノアール・ダスティン」（グルメガイドブックから書き移している）ありで、超一流店の揃い踏みだ。

「銀座でランチ」ということになると、当然こうした超一流店の揃い踏みの中を歩いていくことになる。

その日、銀座での用事を済ませたのが12時15分ぐらい。

「では、銀座でランチといくか」

と、ぼくは四丁目の交差点から、目指す店に向かって京橋の方へ歩き出した。

フレンチの超一流店「レカン」、の前を通り、同じく超一流店「ベル・フランス」、の前を通り過ぎ、超高級ホテル「ホテル西洋銀座」、の手前を右に曲がり、細い路地へ入っていくと、左手に「タイガー食堂」の看板が見えた。

ぼくのこの日の「銀座でランチ」の店は、この「タイガー食堂」なのである。

え？　タイガー食堂って、食堂というからには、あの、もしかして、まさか、さんま塩焼き定食とかの、それに納豆と冷やしトマトつけて、とかの、定食屋ではないでしょうね、と、色めき立つ人もいるかもしれないが、まあ、おちつきなさい、じゃなかった、おちつきなさい、「タイガー食堂」はれっきとした定食屋です。

所番地だってれっきとした中央区銀座1～15～12。

「マキシム」が銀座なら「タイガー食堂」だって銀座だい、なんて、ぼくが力んでもしょうがないけどね。

超一流店ばかりの前を緊張して歩いてきたので「タイガー食堂」の前に立つと本当にホッとする。

もちろん店の前にボーイは立っていない。

戸は自動ではなく、薄緑色のペンキを塗った木製の引き戸で、これが重くてしぶくて、うんと力を入れるとようやくゴトゴトと音を立てて開く。

〝なかなか開かない引き戸〟というものはなんだか懐かしくて嬉しい。

店内は、この近辺に勤めるサラリーマンらしき人たちでほぼ満員。

中央に六人掛けのテーブルが二つあって、その両脇にカウンター、全部で二十人はすわれる。

テレビがあって、少年マガジン、チャンピオンが積んであって、定食屋の常備品はすべて完備。

壁には「アジフライ定食」「いわし定食」「コロッケ定食」などの札がかかっていていずれも750円。

よく見ると「ハムカツ定食」もある。

銀座でハムカツ、「マキシム」の銀座でハムカツ、と、感激のあまり目がうるむ。

ひっきりなしに客が入ってき、ひっきりなしに客が出て行き、店内はかなりあわただしく、いつも満員状態が保たれている。

この二十人近くの客に対応するのはおばさんただ一人。

小走り状態で定食を運び、客の帰ったあとをあわただしく片づける。

カウンターにすわったのだがどう注文していいかわからない。

しばらく様子を見ているうちにだんだんその方式がわかってきた。

〝おばさんが定食のトレイを持って小走りで近くを通りかかったとき「さんま定食」とか叫び、その叫び声をおばさんが通り過ぎつつ聞く方式〟である。

その方式で「さんま定食と納豆」と叫んでようやく注文成立。

「本日のランチ」というのがあり、その内容は「カレーシチュー、コロッケ、ハムカツ、サラダ、豚汁」にライスとお新香がつく。これで680円。

「銀座のランチ」は二、三千円用意しなければならないはずなのに680円。

十分ぐらいたってようやくわが「さんま定食」到着。

サンマ焼きたて。焼きたてでジュージューいっている、というほどではないが〝ちょうどいまジュージューいい終わったとこ〟ぐらいに熱い。

ゴハンが熱い。豚汁が熱い。

サンマについている大根おろしの量がたっぷり。

納豆の量がたっぷり。

両方ともふつうの定食屋の二倍の量がある。
ぼくの隣の青年は「さば塩定食」をチャンピオンを読みながら食べているのだが、そのサバも半身丸ごとという大きさだ。
いま、「マキシム」でお食事をしている人たちが〝銀座の客〟ならば、いま、この「タイガー食堂」でお食事をしている人たちも〝銀座の客〟である。
が、そこはやはり、「マキシム」の客とは違っているように思える。「マキシム」の客よりも実直度の高い人生を送っている人たち、質実度の高い手堅い人生を送っている人たち、という印象を受けた。

とりあえずたっぷりの大根おろしにお醤油をかける。

いま12時40分。

この時間に、この銀座で、さんま定食の大根おろしにお醤油をかけている人はまずいないと思うな。

納豆にお醤油をかけてかき混ぜる。

この時間に、この銀座で、納豆をかき混ぜている人もいないだろうな、と思いつつ納豆をかき混ぜる。

◉焼き芋出世物語

ひところ、テレビのインタビューなどで、

「あなたにとって政治とは何か」

とか、

「あなたにとって家族とは何か」

という質問のスタイルがはやったことがあった。

このスタイルで、

「あなたにとって焼き芋とは何か」

という質問をされたら、あなたはどう答えるだろうか。

重い質問である。

かつての日本の庶民の代表であった長谷川町子氏の見解はどうか。

「焼き芋は大好きだが、大好きだということを人に知られるのは恥ずかしい」

「焼き芋は人に隠れてコソコソ買うものである」

といったたぐいの見解を、サザエさんを通じてくり返し発表している。

その見解の根底には、焼き芋は下賤なものであるという認識がある。
当時は長谷川氏に限らず、日本の全女性もまた同じ見解であったはずだ。
ではサザエさんの父、波平氏のさつま芋に対する見解はどうか。
波平氏は戦中戦後を通じて食糧難に苦しんだ世代である。
当時、さつま芋はお米の代用食として毎日のように食卓にのぼった。
弁当代わりにさつま芋を三本、新聞にくるんで持って行ったりもした。

連日のさつま芋に辟易して、白いご飯を銀シャリと崇め奉った世代だ。

波平氏はある日の食卓にさつま芋がのぼると、

「なにィ、さつま芋ォ、ワシは食わんぞ」

と怒り、そのさつま芋がワカメの幼稚園のお芋掘りのものだとわかると苦笑しながらしぶしぶ食べる、という作品がある。

この波平氏のさつま芋に対する憎しみは、これまた波平氏の世代全体に共通するものである。

と、まあ、こう前置きしておいてですね、次の記事を読んでください。

朝日新聞の二〇〇六年一月二十五日夕刊の記事です。

——さつまいも　シンデレラ物語——

東京・銀座三越。漆黒の玉砂利を敷いたガラスケースに、黄や紫の切り口を見せた焼き芋が鎮座する。

黒服の男性が産地や味覚の特徴を丁寧に説明する。胸にプレートが光る。

「芋ソムリエ」

そして店の名前が「カドー・ド・チャイモン」。

焼き芋屋といえば、そういっては申し訳ないが、汚なづくりのおじさんが、汚なづくりの屋台を引っぱって歩きつつ、ときどき「いーしやーきいもー。早く来ないと行っちゃうよー」などと寝ぼけた声で放送しながら冬の木枯らしの中を歩いていくというイメージだったが、その焼き芋屋が「カドー・ド・チャイモン」で、銀座で、三越で、玉砂利で、黒服で、ソムリエ付き。

こういう高級焼き芋屋が、いまあちこちでオープンしていて、東京では広尾や新宿、渋谷にもあるという。

銀座三越の店は幅三メートルほどの小さな店なのだが、一日の売り上げは四十万円に達するそうだ。

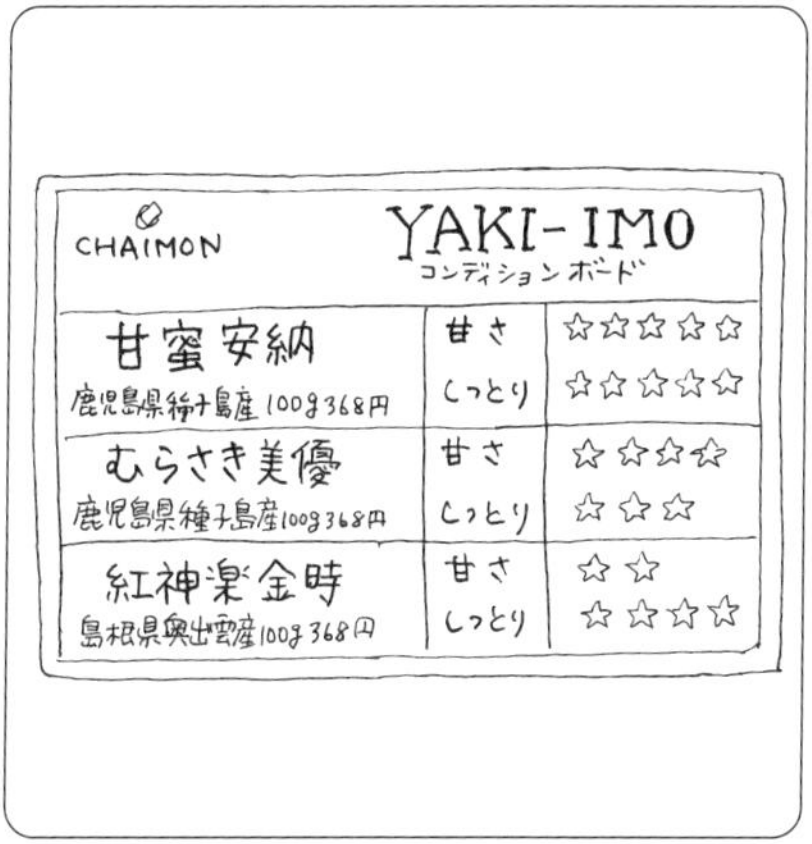
CHAIMON
YAKI-IMO
コンディションボード
甘蜜安納
鹿児島県種子島産 100g 368円
甘さ
しっとり
むらさき美優
鹿児島県種子島産 100g 368円
甘さ
しっとり
紅神楽金時
島根県奥出雲産 100g 368円
甘さ
しっとり

この銀座三越の「カドー・ド・チャイモン」に、波平氏を連れて行って店の前に立たせたらどういうことになるのだろうか。

怒りのあまり、まず顔がまっ赤になり、頭のテッペンで揺らいでいるたった一本の髪の毛がまっすぐにピンと立つ。

そして玉砂利を敷いて鎮座しているケースの中のさつま芋を指さし、ハゲシク上下に揺すりつつ、

「許さんッ」

と叫び、

「出てけーッ」

と叫ぶにちがいない。

「ワシはおまえが代用食だったころの惨めな姿を知っておるのだぞッ、恥を知れ、恥をッ」

と頭から湯気を上げるにちがいない。

そして銀座三越の地下一階の焼き芋屋の周辺は騒然となるにちがいない。

値段は小ぶりのもので一本500円。大きいものだと一本1000円。

いまお米は大体一キロ600円。

「銀シャリ一キロより、たった一本のさつま芋のほうが高いとは何事かッ。身分をわきまえろッ」

と、人々に取り押さえられつつ叫ぶ波平氏の姿が目に浮かぶ。

ガラスケースの中には三種類の焼き芋が種類別に入っていて、それぞれに名前がついている。

「甘蜜安納《かんみつあんのう》」「紅神楽金時」「むらさき美優《びゆう》」。

なんだかもう宝塚の世界で、その美名にうっとりとなって、ふとケースの中に視線を移すと、むさくるしいただの焼き芋がゴロゴロしている。

波平さんが取り押さえられている間も、入れかわり立ちかわり若い女性が「カドー・ド・チャイモン」を訪れては二本、三本と買って行く。

焼き芋は、焼き芋屋のおじさんが屋台を引っぱって売りにくるのを待つものではなく〝銀座の三越に買いに行く高級品〟になったのだ。

こうなってくると、「いもねえちゃん」とか「いもにいちゃん」という言い方はどうなるのだろうか。

いもにいちゃんはイケメンの意味になっていくのだろうか。

ジャニーズ系のイケメンを指さして、

「いもにいちゃんだ。カッコいい」

ということになるのだろうか。

暴れたあと波平氏は少し冷静になり、時代の変化にも気づき、

「サザエとフネとワカメに買ってってやるか」

と財布を取り出したとか取り出さなかったとか。

◉韓国おでんの串は

韓国のおでんの串は異常に長い、ということをまず言っておいてから、この話を始めたいと思います。

いまのこの記述には三つの事実が含まれています。

一つは韓国にもおでんがあるということ。

韓国のおでんダネは串に刺してあるということ。

そしてその串は異常に長いということ。

フーン、そうなんだ。するとその串は割り箸ぐらい長いのかな、と思った人もいることでしょう。

どうして、どうして。

そんな生半可な長さではありません。

フーン、すると、30センチの物指しぐらいの長さかな。

なかなか。

その程度の長さではありません。

菜箸ってありますね。

うどん屋さんなんかが鍋の中のうどんを掻き回したりしてるやつ、あれよりもうちょっと長めで40センチ近い。

つまり日本のおでんで使っている竹串の二倍半ぐらいの長さ。

太さも編み物の編み棒より太い。

串の説明が終わって次がおでんの種。

これがまた説明が大変な種。

エートですね、ここから先は、ぼくが実際に、新宿のコリアンタウンに行って体験したことを伝えていきたいと思います。

韓国おでんはもともと〝屋台物〟の一種だった。

そこでコリアンタウンの韓国料理店では軒先に屋台風のものを突き出させて韓国おでんを売り始めた。

そうしたら人気が出て、そういう店がコリアンタウンだけで二十軒以上あるという。

なぜ急に人気が出てきたのか。

これもやはり韓流ブームの一環で、「冬ソナ」などのドラマの中で韓国スターたちがおでんを食べているシーンがたびたび映ったせいだという。

テレビで紹介されていたドン・キホーテの近くの店に行ってみると、確かに店の前に若い女の子たちが群れていて立ち食いをしている。

中をのぞいてみるとおでん鍋の中に、大串に刺された種がナナメに突っこまれている。

おでんの種は、さつま揚げと大根と卵だけ。

他の店ものぞいてみたがどの店もこの三種だけ。さつま揚げ200円、大根と卵150円。

韓国おでんは種類は多くないらしい。

串に刺さっているのはさつま揚げだけで大根と卵はそのまま。

そして、このさつま揚げと称するものが日本のものと大違いで説明が大変なしろもので、説明する前からいささかうんざりしている。

まず大きさ。

異常にでかい。びっくりするほどでかい。

フーン、そうなんだ、そうすると日本のさつま揚げの二倍かな、と思うでしょ。

どうして、どうして。

すると、エート、ハガキぐらいの大きさかな。

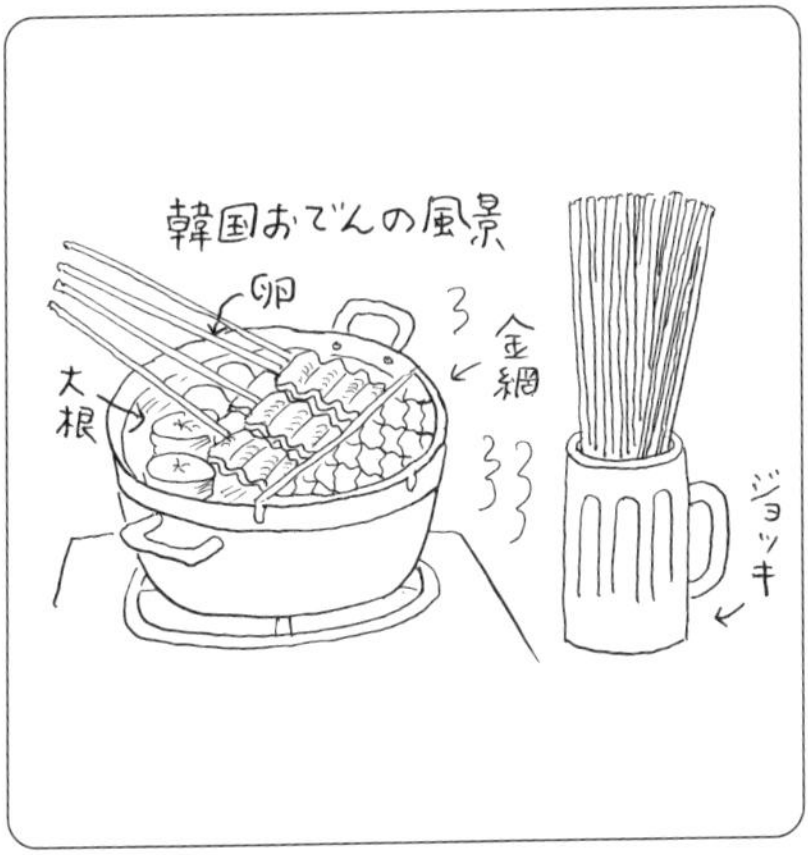

なかなか。

縦位置のハガキを横に三枚並べた大きさよりやや小さい、という巨大さ。ね、でかいでしょう。

この大きさのさつま揚げにたった一本の串が刺してあるのだが、それだと両側が垂れてしまうのでさつま揚げをタテに三つ折りにしてある。

そして大きく波打たせてある。

次。ツユにいきます。

韓国のおでんのツユというからには当然赤汁、そして極辛、と思うでしょうが、色はちょっと白濁しているだけで味はきわめて薄く、全然辛くない。

このツユで煮た種は当然味が薄いのでいちいちつけダ

レにつけて食べる。

つけダレは醤油系でゴマ油系で唐辛子系でそこに輪切りのネギ。

エート、これで大体の説明はできたかな、あ、そうそうさっきのさつま揚げは、ナリは大きいが厚さがない。厚さ4ミリときわめて薄い。

ぼくは店の中に入ってビールといっしょにさつま揚げと大根と卵を食べたのだが、韓国おでんの店の客の動作は、日本のおでん屋の客の動作とまるで違う。

串が長い故に動作が大きい。

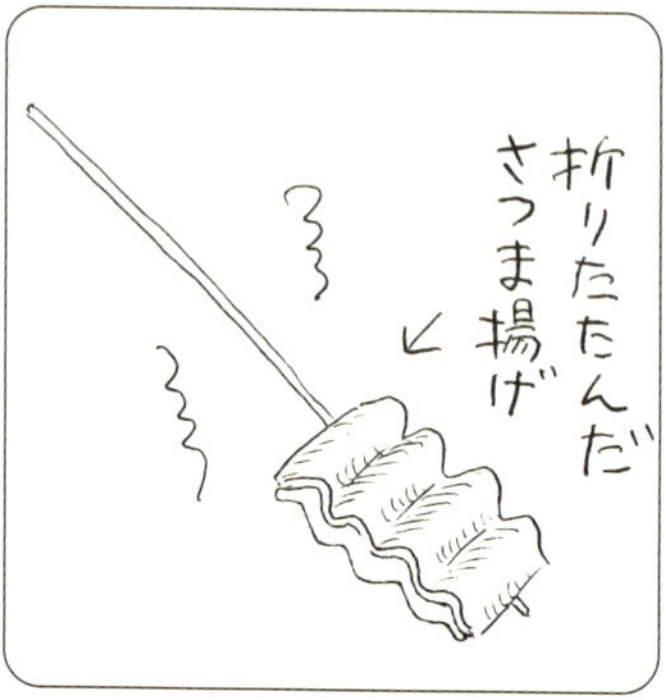

日本のおでん屋の客は、背中を丸めてうつむき、箸でチクワならチクワをつかんで口のところへ持っていく。

串が長いとうつむいてるわけにいかない。

自然に背中が大きく伸び、40センチ先のさつま揚げに喰らいつく。

串を使っている、というより、クレーン車でアームを操作しているような気分になる。

お箸の場合は、チクワならチクワを箸の先でつかみ、手首を支点にした左側への円運動を行うと、チクワは自然に口のところへ来る。

ところが、長い串の場合は、40センチ先のさつま揚げを串の先端に刺し、手首を支点にした円運動を行うと、さつま揚げは耳のところへ行ってしまう。

しかし、あれですね、こういう長い串を姿勢正しく操っていると、だんだん気分が高揚してきて動作が勇壮、豪快になっていきますね。

韓国おでんから帰ってきて、ふと思いついて、いつもの箸ではなく、菜箸で食事をしてみたのですが、やはり気分がだんだん高揚していって、動作が勇壮、豪快になっていき、ついには立ち上がってオーケストラの指揮者のようにタクトを振り始めるのでした。

◉食パンは真面目か

「あいつは真面目だ」

とか、

「真面目じゃない」

とかいう言い方があるが、これはパンにも通用するのだろうか。

あのパンは真面目だとか、真面目じゃないとか……。

たとえば食パン。

いかにも真面目そうじゃありませんか。

クロワッサンとかフランスパンとかベーグルとかマフィンとか、ああいう連中を思い浮かべてください。

ね、ホラ、いかにも真面目そうに見えるでしょう。

どこから見てもただの四角、ただの平面。

そして、ひたすら誠実、中身みっしり。

フランスパンなんか中身スカスカでしょうが。

おまけにヘンな節みたいなものをつけちゃって、また妙に長く、何なら肩に担いでもいいですよ、なんて言ってるわけで、パンは担いで遊んだりするものじゃないんだ。

食パンを見なさい。

食パンは食糧としての自覚に満ちている。

自分の名前にだってこだわらない。

他の連中がクロワッサンだとかマフィンだとかふざけているのに、食パンですよ、食パン。

食べるパン、主食のパン。

これじゃ食用蛙と同じじゃないですか。

食用蛙は、自分がそういう名前をつけられていることに怒っているらしいが、食パンは動ずるところがない。

泰然、寡黙、大悟。

食パンのそうした真面目な態度に、人間側も真面目に対応せざるを得ない。

向こうが、「まっすぐ、真剣。ＮＨＫ」でくるなら、こっちもまっすぐ真剣ＮＨＫにならざるを得ない。

たとえば……。

カレーパンというものがありますね。

カレーとパンは相性がいい。

ということでカレーパンというものができたわけです。

だったらこういうのはどうか。

お皿に一枚食パンをのせる。

そこにカレーライスと同じようなカレーソースをかける。

いままでのカレーとパンの長い歴史の中で、そういう食べ方が考え出されてもよかったはずなのだが人々はそれを避けた。

なぜか。

それはやっぱり食パンの、まっすぐ真剣ＮＨＫ、に胸を打たれたからにほかならない。食べ方だって決まり切った食べ方、すなわち一枚二枚と切って食べる食べ方をはずさない。長方形の、切ってない食パンをそのままむしって食べたりする人はいない。

そこでです。

ぼくはそのタブーを破ってみたのです。

これは何でしょう
食パンの耳を剥いて丸裸にしたものです

まっすぐ真剣の食パンには申しわけないが、一度だけこの食べ方を許してやってください。

いや、もうとても楽しかったので、その食べ方をみなさんに伝授したい。

切ってない長い食パン、25センチぐらいかな、それを買ってきたら肩に担いじゃってください。

能の舞台の後ろで小鼓を担いでいる人がいますね、あんなふうに担いじゃってください。

担いだら正面を見据えて右手で食パンのまん中へんをホジり、ホジったものを、イヨーッ、ポン、の要領で口のところへ持っていって放りこんじゃってください。

できたら能の人と同じような正座がいいな。

花咲か爺《じい》さん方式というのもある。

この場合は食パンを小脇に抱える。

花咲か爺さんの籠と同じように食パンを小脇に抱え、右手で食パンをホジって、爺さんが灰を放り投げるように放り投げるふりをして口の中に入れちゃってください。

もう一つ、ミレー方式というのもある。

ミレーの種蒔く人の籠のように食パンを持つ。

種を籠からつかみ出すように食パンをホジり出しては口のところに持っていって食べる。

この場合は正座ではなく、種蒔く人のように前のほうに歩いちゃってください。

このホジり食いは、実際にやってみると食パンの新しい食べ方であることがよくわかる。

食パンは通常板状のものを食べる。

つまり板食いですね。

それがホジり食いだとまったく違った味になる。

ホジるがゆえに、パンはヨレヨレの塊になる。

このヨレヨレの塊の食感は板状のものと大きく異なる。

塊の周辺がことごとく綿飴のごとく千切れ、アッというまに唾液と混じり合う。

どんどんホジっていって手首が完全に食パンの内部に入りこみ、手探りであっちをホジり、おっ、こっちの内壁にもまだまだパンがこのようにこびりついているぞ、と、そこをホジり、どんどん腕が食パンの中に収まっていくのも楽しい。

そうやってどんどん掘っていってついに向こう側に貫通する。

そうすると、トンネルになった食パンの長さと腕の長さが同じになるので、事務なんかのときの腕カバーにしちゃってください。

◉タラの芽育児日記

日本列島、いま、木の芽どき。

日本中の山という山の木々がいっせいに芽吹き始めたまさにそのとき、山形県からタラの芽が送られてきた。

なぜ送られてきたかというと、送ってくれと申し込んだからである。

どこへ申し込んだのかというと、山形県の川西町というところの「たら姫生産組合」に申し込んだのである。

なぜ川西町とかいう町を知ったのかというと、ことし（二〇〇六年）の一月末、ある新聞の片隅に次のような記事が載っていたからである。

「春の食卓を彩るタラの芽が自宅で栽培できるキット『たら坊くん』（税込み1000円）が人気となっている」

どういうキットかというと、

「プラスチック容器に水を浸したスポンジが敷かれ、小さな芽のついたタラノキの枝が15～18本植えてある」

このスポンジに毎日水をやり続けると、

「芽は約二週間で生長し、30個近くは食べられるとか。摘みたてだから香りもいい」

ぼくは新潟県の土樽というところで山菜採りをしたことがある。

わらび、ぜんまい、こごみなどは平地に生えているので採りやすいが、とりわけ難物なのがタラの芽だった。

タラの木は斜面や崖地に生えていることが多く、木のところにたどり着くのが大変な上に、タラの木は一メートルから三メートルと背が高く、ようやくたどり着いたのに芽に手がとどかなかったりして、たった一個のタラの芽を手にするのも容易ではないのだ。

そのタラの芽が、大挙して部屋まで来てくれるというのだ。

さっそく申し込む。

一か月ほどしてゆうパックで到着。

タテ、ヨコそれぞれ15センチほどのプラスチックの容器（たぶんCD収納ケース）に18本のタラの木の小枝がギッシリ詰めこまれていて、その小枝に一つから二つ、薄緑色の小さな芽がついている。

芽は大小様々で、ほんの1センチから3センチぐらいのものまである。

容器の底にはピンクのスポンジが敷いてあって少し濡れている。

まさに産地直送。

産地直送というのは、ふつう、産地で獲れたものを直送することをいうのだが、この場合は産地そのものを直送してきたわけだ……が、このピンクのものは地ではなくスポンジだから、産スポ直送ということになるのかな。

「すぐにフタを開けろ」と書いてあるのですぐにフタを開ける。

それまで密閉されていたたら坊くんたちが、いっせいに大きく口を開けて空気を吸いこんだような気がした。

「すぐに水をやれ」と書いてあるのですぐに水をやる。

たら坊くんたちが、いっせいに水を吸いこんだような気がした。

箱の中のタラの芽たちがなんだか〝巣の中の雛鳥たち〟のような気がしてきて、自分で産んだわけではないのにだんだんわが子のような気がしてくるのだった。

立派に育ててあげよう、君たちに英才教育を施してあげよう、そうだ、水だってただの水ではなくミネラルウォーターで育てよう。

だが、まてよ。

山菜というのは、山という字を当てているわけだから、山の中で育ってこそ山菜なのではないか。

暖房のよく利いた部屋の中で、ミネラルウォーターを吸ってヌクヌクと育つお坊ちゃまくんのたら坊くんでいいのだろうか。

だが、まてよ。

山形県あたりのタラの芽は、もともと山に降る自然の水で育っているはずだ。

自然の水、すなわちミネラルウォーターで育っているわけだ。

そうなってくると、いま自分が施そうとしている教育方針はどういうことになるのだろうか。

父の心は千々に乱れるのであった。

一日せいぜい2ミリ。

たら坊くんたちの生長はその程度である。

少しずつの生長がいとおしい。

タラの芽は、赤ん坊が握った手を少しずつ広げていくように生長する。

少しずつ、少しずつ、握っていた赤ん坊の指が伸びて広がっていく。

手塩にかけて育てたい、充分な面倒をみたい、と心の底から思う。

なでたり、さすったりしてやりたい。

声の一つもかけてやりたい。

だが、そうしたことは常人のやることではない。常人の父は悩むのであった。

二週間後、たら坊くんたちは、一番大きく育ったので7センチ、一番小さいのでも5センチぐらいになった。

赤ん坊の手の平は、すでに少年の手の平となっている。

さあ、ボクらの生長はこれからだ、と、全員がまるで双手《もろて》を挙げているように見える。

「そのぐらいのときが食べ頃です」

と、「育て方」に書いてある。

父は悩むのであった。

悩みつつも、

「やっぱり天ぷらだろうな」

と思うのだった。

「天つゆではなく、やっぱり塩だな」

と、つぶやくのだった。

枝から一つ一つ芽をはずしてコロモをつけて揚げる。

「うん、やっぱりスーパーのものより香りがいいし、元気があってみずみずしいな」

とビールをゴクリと飲むのだった。

◉とろろ昆布は消えず

「さおだけ屋はなぜ潰れないのか？」

という本がベストセラーになった。

超ベストセラーで、いまだに売れているらしい。

「さおだけ屋はなぜ潰れないのか？」という題名の広告が初めて新聞に載ったとき、誰もがハタとヒザをたたいたのではないか。

そういえばまさにそう、なぜなのだろう、なぜいまだに潰れないのか。

実をいうと、オレもずうっとそう思ってたんだ、と、本当は全然思ってなかった人までが、思わずハタとヒザをたたいてしまったのではないか。

本の内容はいざ知らず、題名だけでヒザをたたかせた時点で、この本はベストセラーになることを約束されていたのだ。

そこでです。

ぼくもそのたぐいの本を書いてベストセラーにしたい。

そこでいい題名を考えました。いいですか、言いますのでヒザをたたいてくださいよ。

「とろろ昆布はなぜ姿を消さないのか？」

おかしいなあ、ハタという音がどこからも聞こえてこないなあ。自信あったんだけどなあ。

本当にぼくはそう思ってたんです。

とろろ昆布はなぜ店頭から姿を消さないのか、と。

とろろ昆布に関する全国調査を、全国とろろ昆布連合会が実施したとしたら、多分、次のような結果になると思う。

「あなたはとろろ昆布を知ってますか」答え「ハ

イ」

「あなたはとろろ昆布を食べたことがありますか」　答え「ハイ」

「あなたはとろろ昆布が好きですか」

このあたりから答えは難しくなる。

「あなたはとろろ昆布を最近いつ食べましたか」

この答えも、とろろ昆布連合会にとって好ましいものとはならないだろう。

とろろ昆布は明らかにスキマ食品である。

とろろ昆布がなくても、誰もいっこうに日常生活に困らない。

蓴菜《じゅんさい》なんかもスキマ食品ではあるが、話題にのぼったらのぼったで盛り上がりようもあるような気がするが、とろろ昆布で盛り上がっている一座というのはありえないような気がする。

テレビのグルメ番組で、とろろ昆布が取り上げられたことがあっただろうか。

お取り寄せムックなどが、とろろ昆布のお取り寄せにページをさいたことがあっただろうか。

「この店のとろろ昆布とってもおいしいのよ」

という会話を聞いたことがあるだろうか。

ところで、みんなどうやってとろろ昆布を食べているのだろう。

どのとろろ昆布のパッケージにも、四つの食べ方しか書いてない。

「吸い物に」「味噌汁に」「そば、うどんに」「おにぎりに」。

メーカーとしてはもっとたくさんの食べ方を紹介したかったにちがいないが、どう考えてもこれ以上は考えつかなかったのだ。

なのにです。いいですか。ここですよ。

なのにとろろ昆布は店頭から消える様子がいっこうにない。

どんな小さなスーパーでも、とろろ昆布はちゃんと並んでいる。しかも最低二種類は並んでいる。

おにぎりに
巻くてえのも
けっこう
なんで
あんすが
モサモサ
するてえ
ところが
どうもこのォ…

うちのそばの99円ショップにもちゃんと並んでいる。それればかりか、デパートの物産展、たとえば北海道展などでは、とろろ昆布は会場の花形である。

一段高い台の上で、ハッピに足底が白い足袋をはいたおじいさんが、大きくて広い昆布にカンナをかけるように、シャー、シャー、シャーと削っていくパフォーマンスを演じていて、それをおばちゃんや定年退職でヒマなおとうさんたちが取り囲んでいる。

またこのパフォーマンスが動きとしてなかなか魅力的で、大きく足を拡げ、足先で巨大な昆布を押さえこんで大きくシャーと目よりも高く削り上げ、上げきったところで歌舞伎の「暫《しばらく》」の所作でピッとアゴを上げ、キッと目を剝いて見得を切る人もいて（いません）、そこのところでいっせいに拍手がわき（わきません）、北海道展は盛りあがることになっている。

取り囲んでいた人たちは、拍手はするが（しないったら）、とろろ昆布は買わない。

北海道展で一番売れない商品がとろろ昆布のような気がする。

なのにです、全国津々浦々、どこのデパートでも、どこのスーパーでもとろろ昆布を売っている。

布昆ろろと
必ず中が見えるようになっている

ぼく自身はとろろ昆布、好きですね。

食卓に常備ですね。

ぼくのお気に入りの食べ方はこうです。

たっぷりのとろろ昆布を熱い味噌汁に入れてダブダブに汁を含ませる。

そいつをそのまま熱いごはんの上にダブダブとのせる。

これをダブダブとかっこむわけだが、このとき、これをとろろ昆布のせごはんと考えずに、ぶっかけめしと考えるととたんにおいしくなる。

とろろ昆布のぬるみが熱いごはんにぬるぬるとからんでぬる

ぬるとおいしい。

というわけで、「とろろ昆布はなぜ姿を消さないのか？」は出せば売れるのはまちがいのないところなのだが、肝心の「なぜ」の解明がどうしてもできない。

ねえ、「なぜ」なんですか。

◉トマトのおでん

おでん屋のおでん鍋の中のメンバーは大体決まっている。

チクワ、ハンペン、コンニャク、さつま揚げ、大根、豆腐といった連中が、なんだか陰気臭く、古めかしく居並んでいる。

お祭りのとき小屋掛け風の本部ができ、奥のほうに一升ビンといっしょにおっさんたちが、陰気臭く、古めかしく居並んでいたりするが、なんとなくあれに似た雰囲気がある。

言うなれば両者ともに雰囲気がちょっと暗めである。

おでん種には、魚肉練り製品閥、豆腐閥、野菜系閥、袋系閥などがあって、彼らは鍋の中で身動きひとつしてないが、あれでけっこう派閥間の暗闘があるといわれている。

それで店のおやじは、派閥ごとの囲いを作って仕切り、揉めごとが起きないようにしているという説があるが、言われてみればその通りだ。

いずれにしてもおでん種全体の色は茶色系なので、どうしても暗め、陰気、古めかしい雰囲気はまぬがれない。

もし、こうした暗い茶色系の中に、赤いトマトがおでん種として混じっていたらどういうことになるか。

万茶色系中紅一点。

おでん屋の常連のおやじ達は総立ちになるにちがいない。

「トマトは生で食うもんだろが」

「赤いトマトを熱湯に投じるなんて、人道的にも問題があるのではないか」

「ワシ、なんだか痛々しくて見ていらんない」

「当人はこのことをどう思っているのか、当人の意志を確かめろ」

などなど大騒ぎになるにちがいない。

おやじ達がどう騒ごうとも、トマトはおでん種として世間に容認されつつある。

トマトをおでん種とする店は少しずつ増えているようで、コンビニでも一部の「ナチュラルローソン」のおでんにもトマトが登場しているという。

最初にトマトをおでん種として開発したのが目白の「田《でん》のじ」と言われている。

関西系のおでんの店で、おでん種もトマトばかりでなく、ゆば、焼ネギ、エリンギ、プチ玉ねぎなど、新しい種を次々に開発しているそうだ。

行ってみると大繁盛の店で、目白にあって客が目白押し。

カウンターの中には、どこのおでん屋にもあるような、四角くて揉めごと防止のための仕切りのついた大鍋が二つ、そしてそれとは別の直径30センチほどの丸鍋が一つ。

トマトは鍋の中に入っておらず、カウンターに山盛りに積んである。

おでん屋のカウンターに赤いトマトの山、というのはあまり見かけない光景といわねばなるまい。

カウンターの中には、全頭覆い型手拭い鉢巻きのおやじさんと助手らしき、やはり全頭覆い型手拭い鉢巻きの青年が一名。

トマト（350円）を注文する客は多い。

おやじさんのななめ後ろの絶好の位置から、逐一その製作過程を見ていたので逐一報告する。

注文があるとおやじさんは山盛りの中からトマトを一個取り上げ、ペティナイフの先でヘタをえぐり取り、次に反対側のてっぺんに十文字の切れ目を入れ、これをそのまま丸鍋の中にポチャリ。

つまり湯剝きなし。

そのままおよそ5分で引き上げ、これをやや深めの小鉢にツユを多めに入れて出来上がり。

トマトの皮は自然に剝けている。

当方もトマトを注文。

小鉢の中に丸くて赤いトマトが一個、ツユはトマトの腰のあたりまである。

トマトから湯気が上がっている、というところが、冷やしトマトに慣れたおじさんにとっては不思議な光景だ。

トマトの形は少しも崩れていない。

箸で突き崩しながら食べる。

トマトは少しもぐずぐずではなく、かなり硬めで少しずつけずり取るようにして食べる。

トマトが熱い。

トマトに味は全然しみこんでない。

それはそうだろう、5分しか煮てないのだから。

じゃあトマトだけの味かというとそれがそうじゃないんですね。

突き崩されたぐずぐずのところにおでんのツユがしみ込み、そのツユといっしょに食べる熱いトマトは、これは不思議というよりほかはないのだが、生のトマトよりもよりいっそうフレッシュな味わいになっている。

そんなわけない、火を通したほうが生よりフレッシュな味になるはずがない、と、何回味わいなおしてもやはりフレッシュなのだから、ぼくとしてはこれ以上どうすることもできないのでどうか許してください。
トマトを何回も突き崩していくうちに、トマトの果汁がツユのほうに移っていき、おでんのツユがトマトスープと化していく。
トマトの酸味とツユがまた不思議に合う。
このあと、コンソメではどうなのかと思って作ってみたら、おでんのツユよりいっそう合い、トマトの酸味とコンソメのこ

の味は、うん、そうだ、お酒を飲んだあとのシメに飲むスープとしてこれ以上のものはないない
な、と思い、急いで酒の仕度にとりかかるのだった。

◉麗しき桜餅二つ

桜餅は気分で食べるものだ。

もともと和菓子は気分、気運、ちょっとした舞台装置の中で食べるもので、お茶席での和菓子がその好例といえる。

「腹が減ったから和菓子を腹一杯」

という人はあまりいない。

和菓子は、腹一杯とか、腹持ちがいい、とかで評価されるものではなく、形や彩りなどが身上であり、上品度という見方からすると、同じ和菓子の中でも桜餅の位置は高い。

饅頭より上、ドラヤキより上、もちろん団子より上。

桜餅には道明寺粉のものと小麦粉・白玉粉のものとあるが、ぼくは前者が好きなのでそっちで話を進める。

桜餅はその名のとおり桜の季節に食べるものだ。

そういう意味ではお花見の席に最も似つかわしい食べ物といえる。

じゃあお花見の宴に桜餅は登場するかというと登場しない。

桜餅あります
フト
あくまでフトでなければならない

花より団子。
団子にその席を譲る。
そういう奥床しさも桜餅にはある。
そういうわけだから、桜餅は軽はずみな気持ちで食べないほうがいい。
ちゃんと「桜餅の日」というのを設定して食べたほうがいい。
もちろん全国的な日ではなく「マイ桜餅の日」。
「マイ桜餅の日」はどういう日か。
お天気はもちろん快晴。
気温18度。南々西の風、風力3。気圧1012ヘクトパスカル。見上げれば飛行機雲。

桜餅は和菓子屋で買うことになるが、和菓子屋に直行してはいけません。それではあまりに日常的で、あまりにあからさまで、桜餅様に失礼です。

何かの用事のついでというのがいいな。

文房具店で便箋を買った帰り、というのはどうでしょうか。

スーパーでタクアンと餃子を買った帰りというのはいけません。

「桜餅の日」は特別な日なのだから、いろいろ細かい設定、雰囲気づくりが必要なのです。

便箋を買った帰りに、いつもの和菓子屋の前を通りかかる。

そして〝ふと〟という思い入れで和菓子屋のほうを見てください。

そうして、和菓子屋の店頭の「桜餅あります」の貼り紙に気付いてください。

気付いて「そうか、いまは桜餅の季節だったな」と思ってください。

もちろん演技です。桜餅には演技が似合うんです。

和菓子屋をのぞくと、いましも一人のおばさんが和菓子をあれこれ買っているところだ。

店先には一匹の犬がつながれていて、おばさんが店から出てくるのを行儀よく待っている。

もちろん和犬です。桜餅には柴犬がよく似合う。

犬は行儀よく待ちながらも、ときどき後ろ足で首すじのあたりを掻いたりしている。

え？　どっちの後ろ足かって。右足でも左足でも好きなほうにしてください。

犬のおばさんと入れ替わりに店に入ったあなたは、

「桜餅2個」

とお店の人に言ってください。

「と」

と言ってはダメですよ。

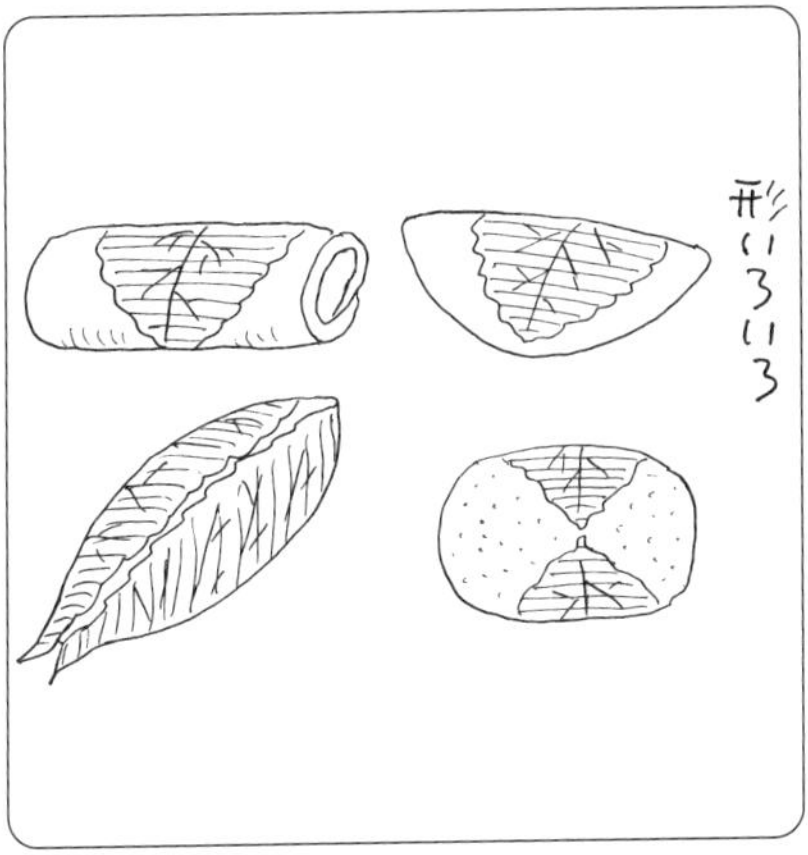

「と、鶯餅6個とドラヤキを10個と、おにぎりを8個」

というのはダメですよ。

桜餅2個、きっぱり。

家に帰ったらとりあえずお茶を淹《い》れて桜餅の包みを開く。

そうするとですね、思いもかけぬいい匂いが立ちのぼる。

桜餅の葉っぱのいい匂い。

ふだん嗅いだことのないちょっと異端の匂いなのだが、これが不思議の世界に誘いこまれるようないい匂い。

ここで桜餅が発生時から宿命的に持っている問題が発生します。

葉ごと食べるか。葉を剝がして食べるか。

ぼくは葉ごと派なので、そのままかじればいいわけなのだがそういうわけにはいかない。

葉っぱを一応ピリピリと剝がしてみる。

いかにも傷つきそうな餅の柔肌《やわはだ》から、桜の葉を慎重にゆっくりとピリピリと剝がしていく楽しさ。

葉と餅が二人で育んだ密着愛を、ピリピリと破局に導いていく苛虐的な喜び。

このあと再び葉をかぶせて食べるわけだが、ぼくはやっぱり葉ごと派が正しいと思うな。

桜餅の葉をはがして
ゴハンを巻いて
食べてみたが
あまり
旨くないらしい

だって葉っぱを剝がして丸裸になった桜餅は、もはや桜餅ではなく、ただの餡入り餅にしか見えない。

鶯餅を見なさい。

皮に鶯の色をつけたりして自力で鶯化している。

桜の葉で覆って初めて桜餅。

だから葉で覆ったままを食べるのが桜餅の王道なのです。桜の葉で覆った桜餅を口に入れると、あたり前の話だがまず葉っぱが歯にあたる。

このときの〝葉っぱ感〟というのかな、これがなかなかよいのです。

植物を感じる。それも塩っぱい植物。

その塩っぱい葉がピリリと破れたあと急に口の中全体が甘くなり、その甘さのところどころにまだ塩っぱい葉っぱがシャリシャリと残っている。

その塩っぱさはただの塩の味ではなく、塩漬けになって発酵した塩分の味だ。

桜餅は〝お新香付きの和菓子〟。

◉タコライス？

「タコライス」

という、なんだか楽しそうな名前を聞いたのはかれこれ十年ぐらい前のことだった。

ね、なんだか楽しそうでしょう、タコライス。

ただのゴハンじゃないな、何か愉快な仕掛けがありそうだな、と、誰もが思いますよね、タコライス。

当然タコさんご活躍。どういうふうにご活躍なさるゴハンなのか。

場所は沖縄だった。

沖縄に行って、沖縄独得の食べ物、たとえばゴーヤチャンプルとか山羊《やぎ》汁とか、あれこれ食べているとき、沖縄にはタコライスというものもありますよ、と聞かされた。

ナンダロ、よーし、それも食べてやるぞ、と思っているうちに旅程の都合で食べずじまいになり、それっきりになってはや十年。

その十年の間にタコライスに関する情報がいろいろ入ってきた。

タコライスはタコさんとは全く無関係だということがわかった。

タコライスのタコはタコスのタコだということもわかってきた。

ナーンダ、と思った。かなりがっかりした。

タコスというのは今や誰でも知っていると思うが、一応説明すると、トウモロコシの粉で作ったクレープに、スパイスで味つけして炒めた挽き肉と野菜を具としてはさみ、サルサソース（ピリ辛のトマトソース）で食べるあれです。

そのクレープの代わりにお腹を一杯にするため、ゴハンを登場させたものがタコライス。

つまり〝タコスの具のせゴハン〟。

ぼくが最近吉祥寺で食べたタコライスは、ライスの上にスパイスで炒めた挽き肉、その上に細長く切ったチーズ、その上に刻んだレタス、その上にサルサソース、というものだった。

日本のライス系、丼系の味つけは醤油と砂糖の甘辛味が基本だが、このタコライスの味つけはトマト味の酸味系で、ゴハンに酸味系の具というのが珍しい。

かつ、そこにタバスコ系のピリ辛が加わる。

ゴハンにトマトソース、ゴハンにタバスコ、いいのか、そんなことして、と、思うでしょうがこれが意外な新感覚、いいのです、これが。

これはこれでいい。これはこれでおいしい。

だけどぼくが一番最初に「タコライス」と聞いて抱いたイメージ、すなわちタコさんがからんだ楽しそうなイメージはどうなる。

あのときのあの胸のときめきをどうしてくれる。

それにタコライスと聞けば、タコさんだって、そうか、オレが主役だな、と思うわけで、タコさんにそう思わせておいて、アンタは関係ないよ、と言われたタコさんの立場はどうなる。

「作ってやろうじゃないか」

そう思いました。

タコさんのためにも作ってやろう。

最初にタコライスと聞いて抱いたイメージははっきりしたものではないが、改めて、一つ一つ検討を加え、吟味を重ねて具体化していく。

映画づくりのように、誰を主役にし、誰を脇役にし、誰を端役にするか。

主人公、当然タコさん。

なに?タコライス!?
と喜び勇んだタコさんの行く手には?

「やっとわたしが……」

と、タコさんも涙ぐんでいます。

ゴハンといっしょにタコを炊き込んだタコめしはすでに瀬戸内地方にあり、駅弁にもなっている。

炊き込みでないゴハン……となると焼きめし、というのはどうか。

と、ここで大胆、かつ簡略、かつ手抜き、かつ美味というすばらしいアイデアが浮かんだのです。

チャーハンです、冷凍チャーハン、スーパーで売ってますよね、あれをチンしてタコを刻んで混ぜる。

タコはスーパーなどで売っているゆでダコ。足の太いとこだったら5ミリぐらいのサイコロに、足先だったら

4ミリぐらいの厚さに切る。

これをお醬油に10分ぐらい漬けて下味をつける。

チャーハンはA社の「中華炒飯」というのを使いました。

で、チンして湯気のあがるチャーハンにタコさんを混ぜこみ、ネギの青いとこを刻んでパラパラとふりかけたわけなんですが、これがもう大変な大成功。

チャーハン大変身。

タコさんチャーハンを乗っ取る。

■これがタコライス
炒め挽き肉
レタス
サルサソース
チーズ

チャーハンというものは、全体が平均した一つの歯ざわりに終始するものなのだが、そこんとこにタコ焼きのときにも感じる例のあの歯ざわり。

それまでごく普通のチャーハンだったものが、突然まぎれもない〝タコチャーハン〟になる。

明らかに主役。

あれだけの歯ざわりなのに、ちゃんとチャーハンと馴染み、ちゃんとチャーハンとうまくやっていっている、ちゃんとちゃんとのチャーハンなのだ。

タコチャーハンを食べていて気がついたのだけど、タコチャーハンは普通のチャーハンより食べるのに時間がかかる。
タコを噛んでる分だけ時間がかかる。
そのせいか、いつもよりチャーハンをしみじみ食べている自分に気がつく。
ときどきタコだけ拾い上げて食べたりして、さらにしみじみしてくる。
なぜ沖縄にタコスがあったのか。
米軍統治の時代、米軍にメキシコ系の人が多かった、というのが真相らしい。

◉缶詰で飲む酒場

「缶詰で酒を飲む」

とくれば、これはもう昭和三十年代、わが下宿時代、金無い、だけど酒飲みたい、安い酒でいい、安いツマミでいい、とくれば、缶詰ー、缶詰ー、それは缶詰ー、と、なぜか最後は森昌子の「先生」のメロディーに乗って回顧されるわが青春の原風景というものなのであります。

酒を飲む、ということになるとまず四畳半の畳の上に新聞紙を拡げる。

これが食卓であった。世界一薄い食卓であった。

ときには一人で、ときには下宿仲間と、トリスをコップにコポコポコポコと注ぎ、古びて錆びた缶切りでキコキコと開ける。

当時の缶詰で安いものといえば、まず鮪のフレーク、サンマ味付け缶、サバ水煮、そしていまでは考えられないが鯨の大和煮《やまとに》が安かった。

と、ここまでは、酒と缶詰にまつわるわが青春の原風景。

もう一つの青春の原風景は西部劇である。

学校の授業をさぼっては、毎日のように西部劇の三本立てを観ていた。

面壁の人
缶詰棚の人
もちろんコートは着たまま

西部劇といえばジョン・ウェイン。

長身、渋面、無骨、しわがれ声。

西部劇には必ず酒場が出てくる。

西部時代特有の、まん中のとこしかないドアを、ジョン・ウェインがグイと腰で開けて入ってくる。

もちろん椅子無し、立ち飲み。

考えてみると、いま流行の立ち飲みの原点は西部劇にあったのだ。

ジョン・ウェインは気だるくカウンターに寄りかか

ってただ一言。

「ウイスキー」

ショットグラスにバーボンが注がれると、ジョン・ウェインは首を上に上げ、カッと一口でノドの奥に放りこみ、コインをテーブルにパチンと置いて出て行く。

ジョン・ウェインがお釣りをもらってるとこ、見たことないです。

それではここで、わが青春の、この二つの原風景をコラボレーションしてみましょう。

ジョン・ウェインが酒場に入っていく。そして言う。

「ウイスキー」

そして言う。

「と、サバ水煮缶」

バーテンダーがサバ水煮缶と缶切りをカウンターに置く。

ジョン・ウェインはキコキコと缶詰を切っていく。

といったような風景になるわけですが、まさにこの二つをコラボレーションしたような酒場が現代の東京にあるのです。

中央区京橋にある「枡久」という酒場。

「枡久」は酒場とはいっても本当は酒屋さんです。酒屋だからもちろん立ち飲み、もちろんカード不可。

立ち飲みでツマミは缶詰。

酒屋なので缶詰以外に袋もののツマミも売っているわけだが、客のほとんどが缶詰で一杯やっている。

昔から「酒屋の店先での立ち飲み」という風習はあったわけだが、「枡久」はちゃんと店の中に入れてくれる。

いまはコンビニ化した酒屋が多いが、「枡久」は昔ながらの酒屋で「塩小賣所」のホーロービきの看板が店内にあり、「富とは人を幸福にするアイデアの実現である」などという大きな日めくりカレンダーもレジのところに掲げている。店の入口は立派な木製ドアで、もちろん自動ではない。
店に入った客はまずどうするか。
商品として陳列されている膨大な数の缶詰の中から一品、もしくは二品選び、商品として陳列されているワンカップやビールの中から好きなものを選んで店の中央のところにいる係員のところに持って行ってお勘定をしてもらう。

係員というのは店員というより立ち飲み客専用の係員で、女性で、この店の奥さんというか、おかみさんというか、ママさんというか、そういう物腰で応対してくれる。

缶詰は缶切り不要のパッカン方式が殆どで、先述の女性が先述の物腰でパッカンと開けてくれる。

ビンビールの栓も先述の物腰でスッポンと開けてくれる。

缶詰の客にはお箸を出してくれる。

コップ酒の客には一升ビンからコップに注いでくれる。

ちょっとしたテーブルも
用意してあります
ASA

コップ酒の値段は250円から300円。

酒とツマミを両手で持った（トレイ無し）客は、こぼさぬように注意しながらそれぞれの好みの場所に散っていく。

それぞれの場所というのは、商品として陳列されている一升ビンの棚の前や、円型の缶詰棚の一番上のところ（立ち飲み客のために空けてある）に酒や缶詰を載せたりして、思い思いのスキマを見つけてそこに陣取っている。

スキマは至るところにあり、自然に出来たスキマではなく、店側がワザとこしらえたスキマと思われる、ワザとらしいスキマが多い。

客は京橋界隈のサラリーマンの会社帰りらしい人ばかりで、京橋といえば大手企業が多く、大手企業のサラリーマンという品位が感じられる客ばかりだ。

そのせいか、〝大手企業のサラリーマンたち〟が、〝缶詰で立ち飲み〟をしているのに、少しも悪びれたところがなく、屈託がない。

係員の前は小さなカウンターになっていて、五人の中年の常連客が係員を取り囲んで静かに談笑しており、その中の一人は赤ワインをちゃんとワイングラスで飲んでいるのだった。

一人客は、大きくて高くて広い酒棚の前で〝面壁一時間〟のひとときを過ごしているのだった。

◉コロッケの腰かけ

コロッケパンのコロッケは、パンの切れ目に軽くはさんであって、パンから少しはみ出ている。

その居住まいというか、たたずまいを目にするたびに、ぼくはいつも銀行や駅のベンチなどで浅く腰かけている人を思い出してしまう。

どうせ椅子の一人分を専有するのだから、深くゆったりと腰かければいいのに、そういう人はいつだってどこでだってそういうところの椅子には浅く腰かける。

ぼく自身がそうなのでとてもよくわかるのだが、ぼくもふと気がつくといつもそういう椅子には浅く腰かけている。

浅く腰かけている自分にふと気がついても、では深くすわりなおしましょうという気にはならない。

そのままずっと浅く腰かけている。

自分でもよくわかりませんね、あのあたりの心境は。

ぼくのことはさておき、コロッケパンのコロッケはなぜパンに浅く腰かけているのか。

浅く腰かけて、

「何かあったらすぐどきますから」
という姿勢を見せているのか。
世間に対する遠慮みたいなものがあるのだろうか。
ここはわたくしがいるべき場所ではないという自覚があるのだろうか。
考えてみると、コロッケはいつでもどこでもそういう姿勢をくずさない。
いつでもどこでもコロッケが堂々と振る舞っているのを見たことがない。
定食屋のコロッケ定食でも、自分が主人公なのに、皿に敷いた刻みキャベツの上に自信なさそうに俯いている。

立ち食いそば屋のメニューには「コロッケそば」があるが、そこでもなんだかきまりわるそうにはにかんでいる。

お惣菜の世界にも勝ち組と負け組があるとすれば、コロッケは負け続け組ということになると思う。

そういう歴史が、彼にそういう態度をとらせるのだろうか。

堂々と振る舞える場所を彼に与えてやりたいと常々思っているのだが、どうしてもそういう舞台が考えつかない。

やっぱりコロッケパンが、それに一番近い舞台ということになるのだろうか。

コロッケパンの基本型は、ホットドッグ用のパンの横腹に切れ目を入れ、そこに刻みキャベツとコロッケをはさんでソースをかけるというものだが、最近はバーガー系のものも多く見られるようになってきた。

バーガー風の丸いパンの切れ目にサラダ菜を敷き、その上にコロッケをのせる。

コロッケがパンから少しはみ出しているというより、わざと露出させてるという感じになる。

こうなるとコロッケの態度が少し変わる。

丸くて大きくてふっくらしたソファに、深くゆったりとすわって軽く足を組んだという感じになる。

最近発見したのは〝コロッケ完全内蔵型〟だ。

ヤマザキパンの「大きなコロッケパン」で、これは円型のかなり大きなパンに、コロッケがアンパンのアン風に完全内蔵されている。

コロッケが、深窓の令嬢扱いを受けて、お屋敷の奥深くかくまわれているのだ。

最近のこういう傾向のコロッケパンは好きではありませんね。

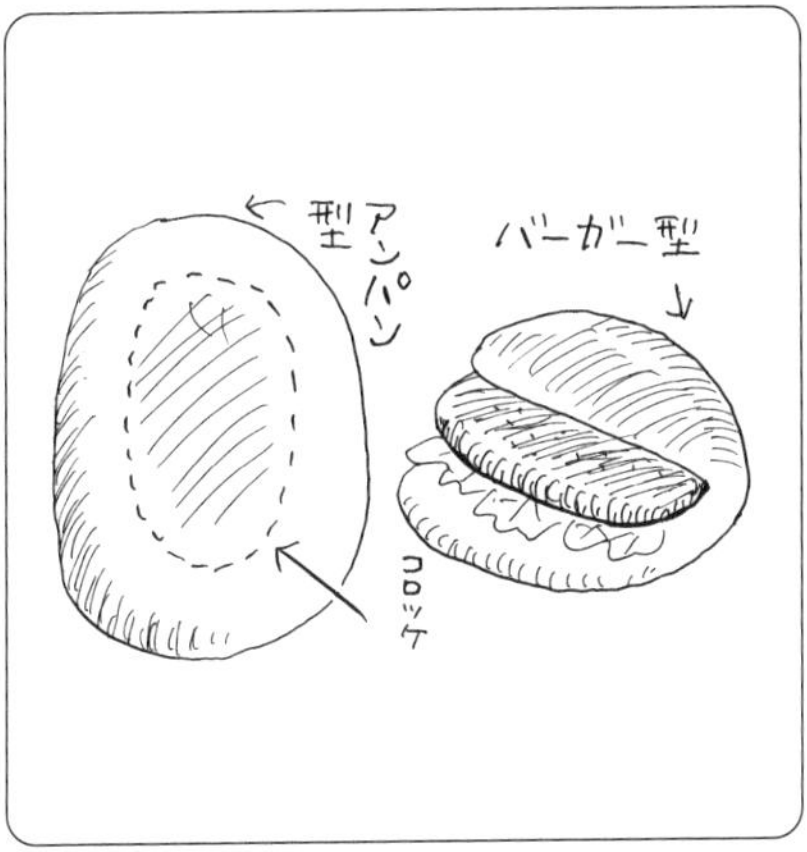

苦闘時代の、あのころの「すぐどきますから」と、おどおどしていたころのコロッケパンが好きですね。

あ、それから、スーパーやコンビニで売っている、ラップで密閉したものも好きではありません。

あれは冷蔵棚に置いてあるから冷たく冷えている。しかも密閉してあるせいで、パン全体が蒸れて湿っている。

コロッケパンはできることなら熱々、それが無理ならせめて常温、そしてコロッケがパンからおどおどとはみ出しているのがいいな。

パンに浅く腰かけてるのがいいな。

そういうのを買ってきたら、いきなりパクリとやってはいけませんよ。

パクリとやる前に、上側のパンをパカッと開けてやってください。

そうしてコロッケに一声、声をかけてやってください。

「ご苦労さん」

もいいけど、

「大変だね」

がいいと思うな。

「大変だね」が、コロッケの胸に一番沁みると思うな。

コロッケパンの特長は、コロッケの柔らかさがパンの柔らかさと同調しているところにある。

コロッケパンの同類にハムカツサンドがあるが、ハムカツはパンと同調しない。

噛んでいくと、ハムカツのところで歯の動きがいったん止まる。

コロッケパンは、噛んでいくといつのまにか歯がコロッケを通過している。

そして、口の中がいつのまにかパンとコロッケとソースが混じりあった味になる。

混じりあった瞬間、なんだかとても楽しい気分になる。

その気分は、食事の気分、ではなく、惣菜パンを食べている、という気分でもなく、じゃあ、駄菓子感覚なのか、というとそれでもなく、とてもヘンな言い方なのだが、遊んでる気分、食べもので遊んでいる気分、というようなものであり、だから口の中でパンとコロッケとソースの味が混じりあった瞬間、スッと立ちあがってバレリーナ気分でクルッとひとまわりするのもいいかもしれません。

◉バイキングのマナー

最近の、ごく普通の家庭の外食といえば、まずファミレスということになると思う。

小学生の一男一女とその両親、という全国標準家庭一家がファミレスにやってきて、全員力なくテーブルにすわる。

するとそこへ、萌《も》えの風俗を簡略化したようなおねえさんがやってきて一家の注文を取り、ひととおり読み上げ、

「ご注文、以上でよろしかったでしょうか」

と訊くと、一家の父は力なく頷く。

そういう光景がファミレスのあちこちで見受けられる。

どうもなんだか最近の若い家族は脱力一家というか、一家全体に力がない。

昔は一家で外食ということになれば、子供は欣喜雀躍、狂喜乱舞だったのに、最近の子供はファミレスのテーブルにつくと、まずゲーム機を取り出したりする。

ところがです。

この〝力なき一家〟が、ひとたびバイキング料理に挑むとなると態度が一変する。

ボク
こういう
サービス
大好き
北欧の酒
アクアビット
（じゃがいもから作った）
蒸留酒40度
氷詰めです

急に一家に力が漲《みなぎ》る。

特に「980円で食べ放題バイキング」などということになると一家の目の色が変わる。

テーブルに着くやいなや、一家は鼻息荒く、イスをガタガタいわせて第一回目の出陣にとりかかる。

全員興奮しているのでどうしてもイスをガタガタいわせることになるのだが、そこで立ち上がったあと、武者振るいのような動きを見せる人もいる。

武者振るいのあと、中腰になって両手の平でバシバシと両頬をたたき、そのあとカッと目を見開き、両の拳を激しく突き上げ、突き下げして〝高見盛セレモニー〟をする人もいる。(いません)

そのあと床に大きく塩を撒く人もいる。(いません)

こうした食べ放題バイキングのほかに、ホテルや旅館の朝食バイキングというものもある。

いまやホテルや旅館の朝食はバイキング方式と決まっている。

浴衣姿で首にタオル、スリッパペタペタのおとうさんが、こうしたバイキングのあちこちで見受けられる。

ぼくがつい最近旅行先で見たおとうさんは、片手でアジの開きのシッポのところをジカに持ってぶら下げ、もう片手にはオレンジジュース入りのコップという不思議な取り合わせでペタペタと歩いており、あまつさえときどきコップのジュースを飲むという行為に及んでいるのだった。

つまりです。

日本のバイキング方式にはエチケットがない。

ないというか確立していない。

これだけバイキング方式が日本中に普及してきたからには、それなりのエチケットが必要になってきているのだ。

このまま放っておくと、さっきのアジの開きのおとうさんなんかは、アジの開きを自分のテーブルに持って帰らず、食べ物が並んでいるコーナーで立ったまま、立ち食い、立ち飲みに及びかねなくなり、そういう人がどんどん増えていくと、ホテルや旅館の朝食は収拾がつかなくなってくるおそれがある。

そもそもバイキングにはマナーはあるのか。

そもそもバイキングという名称はどこからきたのか。

なぜ取り放題方式の食事をバイキングというのか。

アジの
開きの
おとうさん
湯あがり
なので
赤い

まずマナーだが、特にそういうものはないらしいですよ。

だって、西欧のマナーの基本は、「食事中に席を立ってはならない」であるはずだ。

バイキングで席を立たなかったらどうなる。飢え死にしちゃうでしょうが。

バイキングという名称は、物の本によると「一九五八年、帝国ホテルの『インペリアル・バイキングレストラン』で、北欧のスモーガスボードをまねたのが最初」とある。

スモーガスボードとは何かというと、これには諸説あって、ノルウェーでは、テーブルの上に何十種類もの料理を並べて客が勝手に取って食べるスタイルをそう呼んだ、というものや、昔の海賊さんたちの宴会形式にちなんだ、などである。

どうやらスモーガスボードが、日本で言われているバイキングの正式な名前であるらしい。

日本にも正しいスモーガスボードを食べさせる店がある。

東京・赤坂見附にあるスモーガスボードの店「ストックホルム」。

料金は税サ込みで6699円。

高級レストランという雰囲気の店で、店の中央にビュッフェスタイルのパーティと同様の食べ物展示コーナーがある。

西欧のマナーとバイキング形式のマナーの矛盾に配慮したのか、この店では、客が食べ物を獲得して自分のテーブルに戻ると、サービス係がいちいちイスを引いてくれる。

正しいスモーガスボードにはどういう食べ物が並んでいるのか。

ニシンの冷製、スモークサーモン、鰻の燻製、鱒のスモーク、鮟鱇の卵（ウマかった）、ムール貝、鴨の燻製、トナカイのサラミ、帆立のエビソース煮、豚頬肉のゼリー寄せ、などで冷製ものが多いようだ。

〝北欧料理を西洋のマナーで食べる〟のだが、〝途中立ったりすわったりしてもよい〟が、バイキングの正しいマナーのようだ。

◉蜂蜜大好き

ロシアの俚諺《りげん》に、

「蜂蜜の好きな人に悪人はいない」

というのがあるそうだ。

ロシア人に限らず、確かにこれは世界中の人にあてはまることだと思う。

蜂蜜に向かい合うと、人は急に和やかな気持ちになる。

優しい気持ちになる。

トゲトゲしていた心は急に丸みを帯びる。

いま、ぼくの目の前に蜂蜜のビンがあります。

ついさっきデパートで買ってきたもので、直径がおよそ6センチ、高さが10センチぐらいの丸いビンです。

ラベルを見てみましょう。

品名　純粋蜂蜜。蜜源花　レンゲ。内容量　220グラム。

ビンの中には薄黄色の液状のものが見え、右に傾けると右にヌラーリ、左に傾けると左にトロ

ポーランドには
「蜂蜜の行くところ
必ず垂れあり」
という俚諺が
ある
フキ
フキ
ような
気が
する

ーリ、その緩やかな動きを見ているだけで、すでに心が和み始める。

　ではフタを取ってみます。オッ、なかなか手強《てごわ》いぞ、オッ、クルリと回ったが、オッ、すでにその動きに粘り気を感じる。

　フタ、開きました。薄黄色と思った液状のものは、上から見ると見事な黄金色で、液状ではあるがずっしりとした重みを感じさせている。

　スプーン、スプーン、と急に席を立って台所に行き、小さめのスプーンを持ってくる。

では、このスプーンで、ひとすくいすくって舐めてみることにします。

まてよ、舐める、でいいのかな。

スプーンに山盛り一杯のものは、舐めるにしては多すぎる。食べるにしては、飲むにしては、舐めるにしては粘り気がありすぎる。

どうも蜂蜜は表現がむずかしいが、とりあえず舐めるでいきます。

ふだん、われわれは蜂蜜をジカに舐めるということはしない。

パンに塗る、とか、紅茶に入れる、とか、ヨーグルトに垂らすとかして、何かといっしょに味わう。

だからこそ、たまにはジカで味わって蜂蜜そのものの味を存分に味わってみたい。

すると、スプーンを突っこんで山盛り一杯にして引き上げる。

スプーンの底のところから、タラーリ、トローリと、蜂蜜の糸が垂れ落ちていつまでたっても途切れない。

途中で一回は、誰もが「いいかげんにしろ」と言うことになるのだが、それでもテキはしぶとく垂れ続ける。

人類と蜂蜜のつきあいは七〇〇〇年以上になるらしいが、この〝蜂蜜のいつまでも途切れない問題〟は、完全な解決をみたとは言えない。

十秒以上かかってようやく途切れかかったので、大急ぎで口のほうをスプーンのところに持っていったのだが、それでも一滴、テーブルに落下してしまう。

口に入れました。

あー、もー、あー、口の中の華やかなこの甘い賑わい、このざわめき。

あー、もー、あー、口の中のこの甘美なネットリ、口の中を吹き抜けていくレンゲ畑の風、その風に含まれている花の香り、そして蜜の香り。

　ついさっき、比較のために蜂蜜といっしょに買ってきた水飴をスプーンですくって舐めてみたのだが、水飴にはこうした風景の後ろ盾が何もない、とても寂しい味だった。
　蜂蜜に感じるのは自然そのものである。
　大地いっぱいに広がるレンゲのお花畑が自然そのものだし、その花の蜜を、蜂さんが飛び回って集めてくる、なんて、なんて牧歌的で、なんて童話的なのでしょう。
　二、三回、スプーンですくって舐めて幸せにひたっているうちに、急にいいことを思いついた。
　蜂蜜漬けってありますね。

レモンを蜂蜜漬けにしたり、朝鮮人参にもそういうのがある。

それをですね、自分自身の舌でやってみようと思ったのです。

自分の舌の蜂蜜漬け。

どうやるかというと、蜂蜜のビンに、思いきり舌を伸ばして根元のところまで漬けこむ。

こうして漬けこんでおくと、舌の表面に無数に突起している一つ一つの味蕾《みらい》とその根元から、蜂蜜がようくしみこんでようく漬かる。

せめて三分は漬けこんで欲しい。

本当は三日ぐらいはそのまま漬けこんでおいて欲しいのだが、現実問題としてはかなりむずかしい。

三分間漬けこんだら舌を引き抜いて、口の中で舌を絞るようにして味わう。

なにしろ〝タンの蜂蜜漬け〟だからまずかろうはずがない。

噛みしめれば噛みしめるほど、中から味がしみ出てくる。

おいしいからといって食べちゃダメですよ。味わうだけ。

ぜひ一度試してみてください。

それから漬けこんでいるとき、その姿を人に見られないようにくれぐれも注意してください。

この文章もそろそろ終わりに近づいたので告白しなければなりません。

冒頭のロシアの俚諺のことです。

ごめんなさい、あの俚諺はぼくの創作です。

ようく考えてみてください。

世の中に蜂蜜が嫌いな人なんているでしょうか。

世界中のほとんどの人が蜂蜜が好きなはずです。

そうすると、世界中に悪人はいないことになってしまう。

ま、悪気はなかった、ぼくも蜂蜜が大好きなので善人である、ということで勘弁してやってください。

◉海老様大好き

海老《えび》の身上は〝プリップリ〟にあります。

身上というのは、海老側から言うと営業方針というか、これでやっていくぞ、というか、ま、そういうようなことだと思ってください。

いまやテレビのグルメ番組などで、食べタレの女の子が海老を食べると、

「プリップリ！」

と叫ぶのが決まりごとになっていて、海老の戦略は成功したことになる。

海老はとにかく、もう、プリップリ。

張りつめていた海老の身が、急に歯と歯の間でプッツリと噛み切られる瞬間の歯ざわり、舌ざわり、口の中全体の口あたり、これがいい。

次に、噛み切られて口の中に散らばった弾力あるものを、次々に噛んでいく心地良さ、これがいい。

海老特有の甘み、そしてかすかな海の味、これもいい。

海老の天ぷら、海老フライとなると、これにコロモの味が加わり、油の味が加わり、天つゆや

キャバレーでシュリンプカクテルが出るとそれなりの覚悟をしなければならなかった。

ソースの味が加わり、プリップリ、プリップリと口の中がはずんで何本でも食べられる。

口の中の弾力はなぜか心地良い。

口の中ではずむもの、すなわちプリップリものはあるようで少ない。

ソーセージのたぐいも一種のプリップリものだが、あっちは加工してそうなっているわけで、こっちは生まれながらに持っている弾力、そこのところに大きな違いがある。

天然の弾力、これがいい。

なぜか嬉しい。

海老天にしろ、海老フライにしろ、海老のチリソースにしろ、海老シューマイ、海老のクリームシチュー、マックの海老バーガー、いずれも食べている本人は気づいてないが、口の中の弾力を楽しんでいるはず。

日本人は世界で一番の海老好き民族だと言われている。

世界中の海老が日本に流れこんで、世界一の消費量を誇っている。

海老が大好きで、どんな料理にも海老を使いたがる。

茶巾《ちゃきん》寿司のてっぺんのところにも小さな海老を一匹、茶碗蒸しにも海老、お雑煮にもおせちのお重にも、手まり寿司、ちらし寿司、釜めし、天むす、駅弁、空弁……これって外国人から見たら異常だと思うな。

海老の戦略は、プリップリの他にもう一つある。

それは色、赤い色。

日本人ほど料理の盛りつけに凝る人種はいないと言われている。

料理の盛りつけにどこか一点赤い色があるとがぜん全体が引きたつ。

そこんとこを狙って海老は赤い色を着けたんですね。あれは明らかに後から着けた色です。

だって、ほら、海老が赤いのは表面だけでしょ、中は白でしょ。

全部赤くするのは大変だってんで手を抜いた証拠があの白なのです。

もし海老が赤い色をつけなかったら、全体が元のままの白だったら、絶対にいまの人気はなかったと思う。

イカだってもし赤だったら、イカが赤くて海老が白だったら、人気は絶対に逆転していたと思う。

このことはカニにも言える。

カニがもし赤くなかったら、グレーだったら、あるいは茶色だったら、やはりいまのカニ人気はなかったと思うな。

〝カニ食べ放題バスツアー〟も無かったと思うな。

〝かに道楽〟も〝かに御殿〟も無かったと思うな。

シャコというやつがいますね。

わら草履をちょっと長くしたようなやつ。

シャコは味も食感も海老に似ている。

シャコ大好き、という人も多い。

寿司通の間でシャコの人気は高い。

なのに一般的にはシャコはあまり流通していない。

シャコを見たことがないという人もたくさんいる。

もしシャコが赤かったら。

そして海老がシャコの色だったら。

これまた人気は大逆転していたに違いない。

プリップリでいく、赤でいく、この二つの戦略はうまくいったのだ。

赤でいくほうの戦略には人間側も便乗している。

天丼の場合で考えてみよう。

天丼にはふつう海老天が二本のっていて、天丼のフタからしっぽのところがはみ出している。

よく考えてみると、海老天のしっぽはふつう食べないわけだから取り去ってもいっこうにかまわないわけだ。

なのに取らないのが海老天の常法ということになっている。

天ぷらも海老フライも、コロモをつけて揚げるので胴体のところの赤が隠れてしまう。

そうなると海老の魅力が無くなってしまう。

そこで人間はしっぽに頼ったのだ。

でも、まあ、確かにしっぽの無い海老天、海老フライは見たくない姿ではありますけどね。

これほど海老が好きな国民性であれば、もっといろんなものにも海老を使えばいいのに、と思うのだが、頑《かたく》なに拒否する料理もたくさんあるところも海老の不思議なところだ。

伊勢海老は使うがふつうの海老は味噌汁の具に使わない。ナンデダロ。

海老鍋というのは聞いたことがない。カニ鍋はあるのに、ナンデダロ。

おでんにも海老を入れない。ナンデダロ。

マグロだけを並べた鉄火丼があるのだから、甘海老だけを並べた甘海老丼なんかおいしそうなのに無いのはナンデダロ。

◉元首相行きつけの焼き鳥屋

サラリーマンが、ちょっとそのへんで一杯、ということになると、まず焼き鳥屋が選ばれることが多い。

どういう焼き鳥屋かというと、とりあえず赤提灯、「やきとり」と染め抜いたノレンがかかっていて、店内の風景としては、ねじり鉢巻きにTシャツ、首のまわりに手拭いを掛けたおやじさんがウチワをバタバタやっていて客の上空に煙がたなびいている。

客のすわっているテーブルのすぐ横に、ビールの空き箱が無造作に積んであったりする。

そういうような店が、一般大衆行きつけの焼き鳥屋ということになる。

さて……。

さる四月二十七日（二〇〇六年）の毎日新聞の夕刊。

「ポスト小泉を焼き鳥に例えると」という特集記事。

「春の一夜、森さん行きつけの焼き鳥屋で、その思いを聞いた」

と、この特集記事は始まる。

ぼくにとって「ポスト小泉」はどうでもよくて、興味を引かれたのは「森さん行きつけの焼き

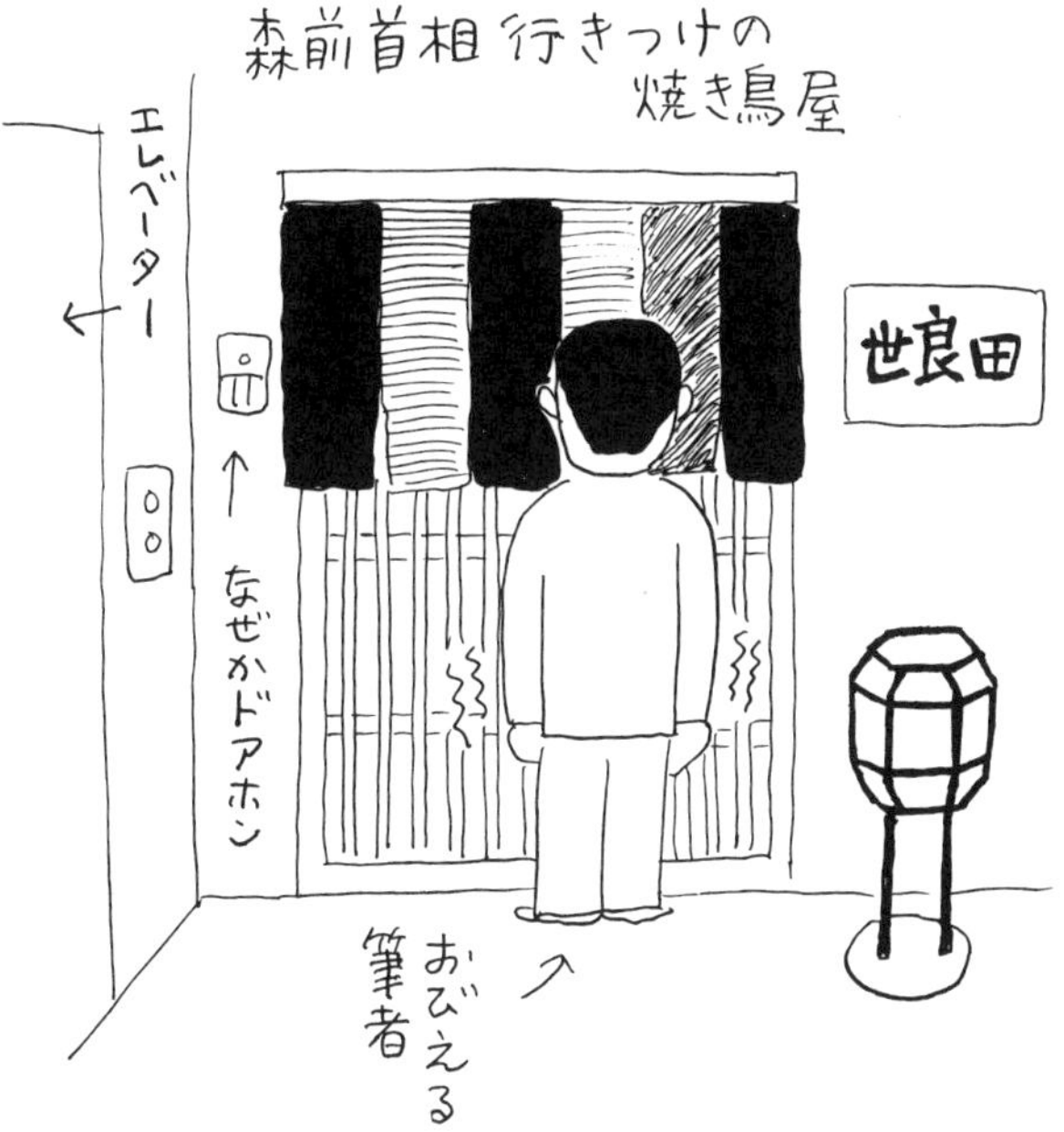

鳥屋」であった。

「え？　元首相クラスの政治家にも、行きつけの焼き鳥屋があるの？」

　というものであった。

「行きつけの料亭」なら驚かないし、「行きつけの寿司屋」でも驚かない。

　一体、どんな焼き鳥屋なのか。

　店のおやじは首に手拭いでウチワパタパタか。

　テーブルの横にビールの空き箱か。

　赤提灯は下がっているのか。

　その記事を読んでから毎

日悶々、大いに興味はあるものの、われわれ一般大衆がノコノコ出かけて行ってもいい店なのか。

店の入口のところに屈強なSPがいて、一人一人誰何《すいか》されるのか。

身体検査はあるのか。

イラクのフセインさんのように、口の中を懐中電灯で照らされて、そこのところを写真に撮られるのか。

悶々一か月、ついに好奇心がひるむ心に打ち勝って出かけて行った。

麻布十番の商店街から少し離れた七階建てのビル。

ビル自体はごく当たり前の、というより、ちっとも立派でない小さめのビル。

このマンション風のビルの五階に森さん行きつけの焼き鳥屋「世良田《せらた》」があった。

マンションの入口を入ると、左側に剝き出しの郵便受けがあり、その奥にエレベーター。

エレベーターで上がって行って五階で降りると、いきなり目の前が「世良田」。

エレベーターを降りたらただちに店の中に入って行く以外の選択肢はなく、この造りは警備上、都合よくできているようだ。

店の前でウロウロすることは叶わず、通行人にのぞきこまれることもない。

店の前にSP無し。赤提灯無し。

紺と青の細長い布をつなぎ合わせてノレン風にしたものが下がっている。

戸は白木とガラスを組み合わせたもので自動ではなく引き戸。

引き戸を開けて中に入ると、そこにはごく普通の（とは言っても高級感のある）飲食店の風景がひろがっていた。

客、談論風発、ワイワイガヤガヤ。

店はほどほどに広く、入口を入ってすぐ右側のところが八人ぐらい入れる小上がり、まん中へんに四人掛けくらいのテーブルが二つ、それより大きめが一つ、そして店の奥まったところがカウンター席（九人）になっていて、その向こう側で蝶ネクタイの人が焼き鳥を焼いている。

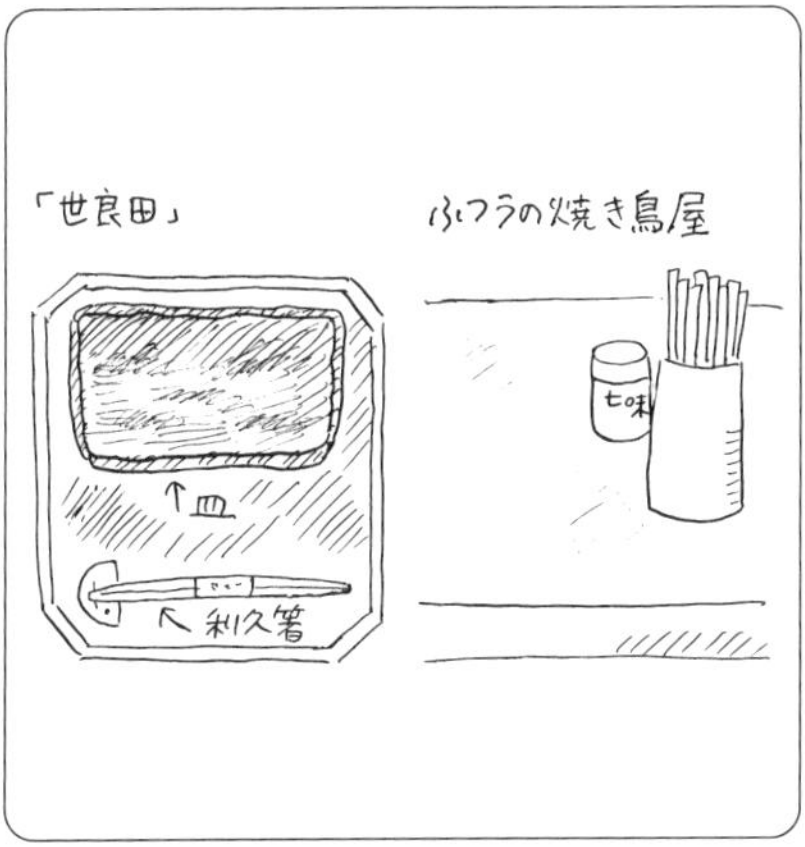

カウンターと焼くところは高いガラスで仕切られていて、デパートでよくやる「手打ち蕎麦実演」風になっている。

焼いている鳥からは猛烈な勢いで煙が上がっているが、その煙は猛烈な排煙装置で店の外に出て行く。

カウンターに案内されメニューを見る。

メニューには一切値段無し。店内のどこにも値段に関する表示無し。「コース」というのがあったのでそれを注文。生ビールも。

「コース」は全部で十本で、その内容は、「ささみワサビ」に始まり、「レバー」「ねぎ巻き」「軟骨」「だんご（つくね）」「うずらの卵」「姫たけ」「合鴨」「皮」「手羽野菜詰め」「スープ・サラダ」。

あ、その前にお通し。お通しは「じゅん菜酢の物」「大根おろし（うずら卵入り）」「もつと昆布の佃煮」。

焼き上がったのを、厨房からいちいち一本ずつ持ってくる。

カウンターもテーブルも椅子も、高級感のある造りだが、超高級というほどではない。

コースの一品は、さすが元首相の行きつけだけあって、いままで食べたことのない上品かつ、おいしい焼き鳥ばかり。

たとえば「手羽野菜詰め」は、一本の串に二つの手羽が刺してあって、下のにはシソとコチュジャン、上が高菜漬け、人参、インゲンなどが詰めてあって、これがとてつもなく旨い。

客はどういう人たちか。

これがよくわからない人たちだ。

サラリーマン風は少なく、外国人などもおり、近くに六本木ヒルズがあるのでそういう人たちかな、という人たち。

さて値段です。

なにしろ値段表がないので、領収書の総額から推し量るほかない。
推し量った結果、コースが5000円強、生ビールが700円と意外に庶民的な値段。
身分をわきまえなければ、またぜひ行ってみたい店だ。

◉失敗する食事

間が悪くて、ついつい食事をとり損ない、ついつい午後二時になり、三時になってしまう日って、ときどきありますよね。

その日もそういうことになり、腹が減って腹が減って全身ガルルル状態。目は血走り、鼻は三郎状態（北島の）。

そうして午後四時近く、ようやく食事をとれる態勢になった。

場所は駅ビルの上のほうの飲食街。

長い通路の両側は飲食店がびっしり。

こういうガルル状態のときの、これから食べる一食に寄せる意気込みはすごい。期待もすごい。

完璧を期そうと思う。

失敗してはならぬと思う。

そう思うと、人間、大体失敗する。

空腹で頭の中が混乱している上に、逆上も加わっているから正しい判断ができるはずがないのだ。

あぶらもの大集合
あぶらもの大好き
テラテラ
天ぷら
トンカツ
鰻
揚げだし豆腐
豚の角煮

この日も当然失敗した。とにかく胃にガツンとくるもの、ドシンとくるものという基本方針で駅ビルの飲食街を進んで行った。

トンカツ専門店があった。まさにガツン、ドシンものである。

「とにもかくにも巨大ロースカツ」

という方針でその店のショーケースの前に立った。

「ロースカツ　1400円」というのがあった。

巨大ではないがこの店では一番大きなカツだ。

「ヨシッ。このロースカツ。

と、生ビール（大）。ガルルッ」

と決断したとたん、その決断を揺るがすものを発見した。

ロースカツの隣の「エビフライとロースカツ」である。

なにしろ生ビール（大）がひかえているわけだから、エビフライはビールの最高の友である。

「ヨシッ。エビフライとロースカツと生ビール（大）。ガルルッ」

と決断したとたん、その決断を揺るがす事実を発見した。

カツが小さいのである。

エビフライのセットのほかにハンバーグとのセットもあったが、こっちもカツが小さい。

両者とも１４００円という価格設定から考えると当然のことである。

これでは最初の大方針「巨大トンカツ」の夢がくずれる。

ガツン系は他にもあるはずだ。

鰻屋があった。

鰻重（上）２１００円。

２１００円だけあって鰻もかなり大きく、旨そうな蒲焼きが重箱いっぱいに詰めこまれている。

これなら胃にガツンときそうだ。

「ヨシッ。鰻重（上）に決めた」

と決断したものの、その決断を揺るがすものを発見してしまったのだった。

鰻重（上）の隣の、鰻重と刺身のセットである。

鰻重と酢の物のセットもあった。

心を大いに動かされ、そのセットをよくよく見ると、この鰻屋に於ても、トンカツ屋と同様の「本体を補強しようとすると本体が弱体化する」という法則が貫かれていたのである。

事ここに至って〝本体の補強〟を諦めて本体のみで勝負することにした。

一定の価格内で
本体の補強を
はかると
本体は弱体化
する
アネハ系の
話かな？

残念ではあった。生ビール（大）のためにもう一品欲しかった。

そう思いつつテーブルにすわり、ふとカウンターのところを見ると、「本日のおすすめ」というボードがあり、そこには「枝豆、あら煮、揚げだし豆腐、豚角煮」という文字が見える。

狂喜とはこのことである。

何の迷いもなく、注文を取りにきたオバサンに、

「鰻重（上）、枝豆、豚角煮、生（大）」

と言い終え、落ちついてテーブルの上を見るとメニューの冊子がある。

拡げて見ると、この店は鰻を主体にしているが他のメ

ニューもたくさんある。

まぐろ刺し、たこブツ、いか刺し、天ぷら、冷や奴、板わさ……居酒屋にあるようなものは何でもある。

しまった、と思った。

こういう店で「鰻重と豚の角煮」を注文する客はいるだろうか。

鰻が〝あぶらもの〟なら豚の角煮も〝あぶらもの〟である。

両方ともギトギト系である。

そういえば、さっき、ぼくの注文を受けたあのオバサンは、厨房に注文を通したあと、もう一人のオバサンとヒソヒソ立ち話をしていた。

ヒソヒソ話の途中で、チラとこちらを見たような気がする。

ぼくのことを〝あぶらものおやじ〟というような言い方をしていたのではないか。

角煮ではなく、揚げだし豆腐のほうにすればよかったのだ。

揚げだし豆腐もあぶらものには違いないが、豚の角煮より罪は軽いかもしれない。

鰻重と角煮と枝豆と生ビール（大）がやってきた。

鰻重は期待した以上においしかった。肝吸いも本格的なものだった。

ただ、鰻を二口、三口食べたあと、豚の角煮に箸をつけ、口のところに持っていくときかなりの抵抗があった。

幾多の失敗はあったものの、とりあえず満腹し、伝票をつかんでレジに向かった。

ぼくのすぐ後ろにオバサンの四人づれが並んだ。

この店は、レジの女の子が伝票の品名を一つ一つ、大きな声で読みあげることになっているらしく、ぼくの伝票の内容を一つ一つ大きな声で読みあげるのだった。

「鰻重上、豚の角煮……」

「豚の角煮」のところで、オバサンたちの会話がピタと止まった。

◉生八つ橋の真意は？

世間では「薄っぺらな奴」の評判はよくない。

「ヘナヘナしてる奴」の評価も低い。

「ヘナチョコ」などと呼ばれ、みんなからうとんじられる。

「ネチネチしてる奴」もみんなに嫌われる。

もし、この〝世間から嫌われる三大要素〟をすべて兼ね備えている人がいたらどうなるか。

間違いなくみんなにシカトされて孤立するにちがいない。

ところがです。

この三大要素をすべて兼ね備えていながら、みんなに好意を持たれているものがある。

生八つ橋です。

つい先日、京都に行った人からお土産に生八つ橋をもらった。

生八つ橋にお目にかかるのはずいぶん久しぶりだ。

エート、生八つ橋ってどんなものだっけ……。

とりあえずペラペラと薄っぺらで、手に持つとヘナヘナと垂れさがり、噛むとネチネチするん

だよね、なんて思いながら包みを開ける。

包みからほのかなニッキの香り。

うん、これだ、これが生八つ橋の懐かしい香り。

包みの中にはハガキ大ぐらいのものが十二枚積み重ねてある。

そのハガキ大のものに四つの切れ目が入っていて、片隅をつまんで持ちあげるとユルユルと切れ、タテ約8センチ、ヨコ約3センチ、短冊型の一片となる。ちょうど味付け海苔一枚の大きさ。揺らしてるワケではないのに、手の先でヘナヘナ揺れている。

それにしてもですね、このものはですね、和菓子だというのに、ほんとにまあ、なーんにも装飾がない。

和菓子というものは、とかく凝った造りにしたがるもので、椿の花を模したり、刃物でちょこっと切りこみを入れたり、ヘラで凹ましたり、色とりどりの何かを貼りつけたりするものだが、生八つ橋はもうほんとになーんにもしてない。

表、のっぺり、裏、のっぺり、以上、と素っ気ない。

のっぺりはまあ認めるとしても、そこんとこに、こう、萌黄色のひと筆を走らせるとか、そういうことをしたほうが京都の銘菓らしくなると思うのだが、その気はまったくない。

一応短冊の形はしているが、その形に固執することはなく、つまみあげられればデレリとだらしなくしぼんで垂れさがり、置けばヘニャリとへたりこむ。

「あなたは不貞くされているんですか」

とか、

「投げやりな性格なんですか」

とか、

「すねてるんですか」

とか、一度その真意を訊いてみたくなる。

とりあえずこのものを食べてみましょう。

食べてみましょうといったって、どういうふうに食べるのが正しい食べ方なのか……。

もし、よその家に行って茶菓子として生八つ橋が出てきたらどう食べればいいのか。

とりあえず考えられるのは、指でつまみあげ、タラリと垂れさがっているやつを、顔を上に向けてあんぐりと開けた口の上に持っていって徐々に垂らしこむ、という方法。

いままさにベローンと垂れたものを口の中に入れようとしたとき、不意に突風が吹いたらどう対処すればいいのか。

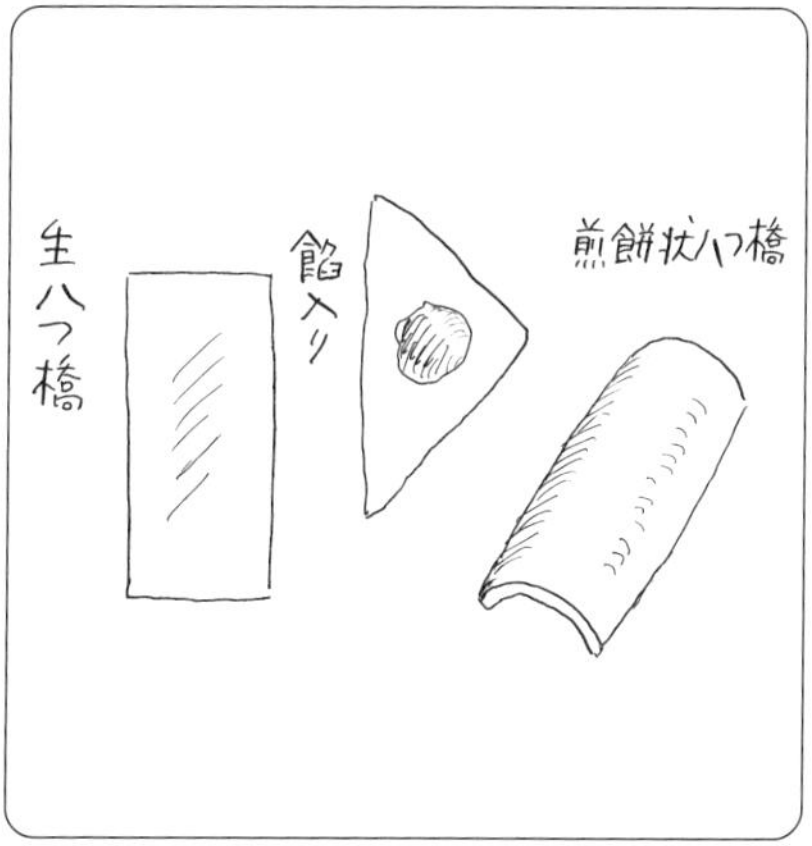

とにもかくにも口の中に垂らしこんで噛んでみる。

うん、ネチネチしている。ヘニャヘニャしている。

歯応えがないわけではないが、なにしろ厚さが2ミリぐらいしかないので、ちょっとネチッとしてそれっきり。

ニッキの香りはとても好ましいがこれではどうにも物足りない。

二枚重ねて厚みを出したらどうか。

いやいや十枚重ねてみたらどうか。

十枚重ねても厚さは2センチ。

やってみました。

多過ぎました。ネチネチどころか口の中一杯にネッチリ、ネッチリ。

趣がないというか、情緒がなさ過ぎるというか。

五枚重ねてグルグル巻いて巻物にしたらどうか。

やってみました。

ただちに口一杯のお団子になって閉口しました。

ただ、そのときすばらしい発想を得た。

生八つ橋をお団子にするというのはどうか。

生八つ橋を小さめのお団子にして串に三つ刺し、新製品「生八つ橋団子」として売り出す。売れるかもしれないな。

今回、生八つ橋と改めて対面してみてわかったことは、向こう（生八つ橋）の真意、方針がまるっきり読めないということであった。

そして、向こうも真意を見せようとしないことであった。

こっちが真剣に対応しようとしているのに、向こうにその気がない。

ノラリ、クラリと逃げまわってるわけでもなさそうなのだが、あくまで真意はあかそうとしない。

こういうノラリクラリものに対しては、こっちもノラリクラリで応戦するのがいいようだ。真意のよくわからないものをノラリクラリと食べ、ときどき嚙むのをやめたり、ほかの考えごとをしたり、ふと口の中のものを思い出してまた嚙み始め、ノラリクラリとお茶を飲む。

どうもそういう食べものらしいですよ、生八つ橋は。

◉悲願、ソースたっぷしカレー

「カレー屋のカレーのシルが足りないッ」

とハゲシク怒っているおじさんはこのわたくしです。

「ほんとにもういつも足りないんだよね。少なくとも現状の二倍は欲しいんだよねッ」

と、きょうもハゲシク怒っていると、

「ありました。ありました。カレーのシルを好きなだけ自分でかけていいという店が！」

という知らせが入った。

「好きなだけ！」

おじさんは涙ぐみながらスバヤク立ち上がると、御徒町《おかちまち》方面に向かうのだった。

JR御徒町の駅から歩いて二、三分ほどのところにある「カレーボウヤ」、これが〝好きなだけ〟の店なのだ。

入口のドアの右側に、ドアと同じぐらいの大きさで「セルフ式　1g＝¥1」と書いてある。

ハ？　1g＝¥1？　どういうこと？

ドアの左側に、やはりドアと同じぐらいの大きさのイラストがあり、コマ割りで手順を追って、

客はどう行動すればよいのかが書いてある。
それによると、①店内に入ったら、まず自分でお皿にゴハンを好きなだけ盛る。②そこにカレーソースを好きなだけかける。③それを店の人が秤にかけてくれて1g＝¥1円で総額を算出する。
そうすると、福神漬けやラッキョウはどうなるのだろう。
トッピングとして、カツやコロッケなどもあるようだが、そっちのほうはどうなるのだろう。

くわしいことはわからないが、おじさんの頭の中には〝カレーソースを好きなだけ〟という文言だけがしっかりと残った。

一見インド人風ではあるが、本当はどうかわからないというような青年風の店員が出てきて、初めてか？ と訊き、手順を説明してくれる。

それによると、ライスもカレーソースも福神漬けもラッキョウもカツもコロッケも全部1g1円だという。

とりあえずかなり大きなステンレスの皿を手に取る。巨大な電気釜のフタを自分で開けて好きなだけゴハンを皿に盛る。

カレーソースは普通の辛さのと、うんと辛いのがあるので、ライスを皿の中央に盛り、その両側にソースをかけることにする。

いよいよである。

いよいよカレージルを、好きなだけ、思うがまま、誰はばかることなく、ここを先途《せんど》と、いまこそ思い知れ、と、皿に取るときがきたのだ。

まずおたまで、ライスの大きな山の右側に普通のカレージルを一杯、そして二杯、三杯、何のこれしき、もう一杯、次に左側に同様、何のこれしきを四杯。

深くて大きいさしもの大皿も、フチすれすれまでシルが達し、中央のさしものゴハンの大山もいままさに水没せんとす。

次に小さめのカツの半切りをゴハンの上にのせる。

カツは高いんだけどなあ、でもきょうはちょっと贅沢しちゃおう、と、一切れのせたのだが、考えてみればカツも1g1円なのだ。

いくらなんでもこの上さらにコロッケというのは、と思うがコロッケも1g1円……。

どうもこの「1g1円」という価値体系は、そう急には頭に入らない。

この店ではグラムの数字がゾロメになると、次回来店のとき無料になる
888g
店内にこれまでゾロ目になった人の数がはり出されていて
333g 1名
444g 10名
555g 10名
666g 10名
……
999g 10名
一キロ近く食った人

　次にプラスチックの小皿に福神漬けとラッキョウを取ることにする。

　これまでにやってきた行動方式は、バイキングの方式とまったく同じだ。バイキングの場合はたくさん取れば取るほど得をする。

　このおじさんはバイキング慣れしているので、この店でもついそうなってしまい、そうだ取れば取るほどお金がかかるのだ、と思い直してセーブする、ということをくり返す。

　一方、このおじさんは、カレー屋のカレーを食べ慣れている。カレー屋の福神漬けとラッキョウはタダだ。たくさん取らなきゃ損だ。

おじさんは目の前の福神漬けとラッキョウを見ると、どうしても〝カレー屋の習性〟が頭をもたげてしまう。

ガツガツと小皿に山盛りに取った。

1g＝¥1のシステムを頭に入れて行動しているのだが、そのシステムの中にバイキングのシステムとカレー屋のシステムが混入してきて、ときどき頭の中が大混乱になる。

カレーの大皿と福神漬けの小皿をいっしょに秤にのせる。

630円。安いではないか。

この店のカレーは「約十種類の野菜と果物を20時間煮こみ、牛すじのコラーゲンがたっぷり溶けこんだブイヨンを使用している」とかでなかなかおいしいカレーだ。

ゴハンとカレージルが熱いのもいい。

いま、世間では格差ということが問題になっている。格差はよくない。是正されなければならない。

そういう世の中の風潮にまっ先に挑んだのがこの店だといえる。

ゴハンもカレージルも、カツもコロッケも、福神漬けもラッキョウも全員身分が同じ。

自由、平等、博愛の精神が、この店には漲《みなぎ》っているのだ。

カレーを食べ終えてやはり福神漬けとラッキョウが大量に余った。

がっついて取ったのが恥ずかしい。

まてよ、バイキングだったら恥ずかしいが、これは金を払っているわけだから、恥ずかしくないのでは……と、最後まで考え方がまとまらないのだった。

◉感動のアイスバイン

自分でも理由はよくわからないのだが、皮つきの肉の塊を見ると興奮します。

皮つきの肉塊とは実際にはどんなものか。

ケンタッキーのフライドチキン、あの肉の塊に少しついてる皮んとこ。脂っぽくていかにも旨そうなんだよね。

あそこんとこ大好き。

焼き鳥だったら正肉とかハツとかよりも皮だけ焼いたやつ。

カリカリしてて脂がのっててこたえられないんだよね。

豚肉となると〝皮つきもの〟は極端に少なくなる。

第一、肉屋で皮つきの豚肉を売っていない。

わずかに豚足ぐらいかな、皮つきの豚肉は。

あと沖縄料理のティビチとかラフテーとか、そのぐらい。

豚足も大好き。

こっちの皮はカリカリではなく湿っているのだが、その湿っている皮にかじりついて、ムリム

感極まって泣く
皮おたくのNK氏
ドイツビール
全域皮!!
ザワークラウト
マッシュポテト
マスタードこんなにたっぷし

リッて剝がしていって口の中に入れると、ムチムチッとしていて、もうたまりませんね。

　ティビチは、豚足を甘辛く煮たもので、この皮は豚足よりも柔らかく、これまた嚙んでいるとうっとりしてくる。

　ラフテーは皮つきの角煮。ふつうの角煮は皮のとこがついてないが、沖縄では皮をつけたまま煮る。

　あの皮つきの角煮のヌメヌメと光る皮んとこが、あー、もー、思い出しただけで、口が自然にアグアグと動いちゃいますね。

あんなにも豚の皮んとこは旨いのに、内地ではなぜ皮を取っちゃうのだろう。

取っちゃった皮んとこはどうするのだろう。

まさかどんどん捨ててるんじゃないだろうな。

もし捨ててるんだったら、いますぐ拾いに行きたい。

拾って帰ってきて、すぐ大鍋で甘辛くグズグズに煮て、すぐ食べたい。

と、いうぐらい皮おたくのこのぼくに、時こそ来たれり、わが世の春がやってきたのです。

皮肉《かわにく》の王者、アイスバイン。

これがいまブームになっているのだ。

サッカーのW杯の開催地ドイツの料理ということで、アイスバインにも世間の目が注がれ始めた。

ビアホールでもアイスバインが人気を呼び、ドイツ料理の店に本格的なアイスバインを食べに行こうという人が増えてきたという。

ぼくはいままでに何回か食べたことはあるのだが、いまひとつ記憶が曖昧だ。

たしか、大きな肉の塊で、全域に皮がついていて……、エート、冷製だっけ、熱い料理だっけ、というぐらいの記憶しかない。

ドイツ料理の本家本元、ドイツ文化会館の中にある本格ドイツ料理の店「葡萄屋」にアイスバインを食べに行った。
ここのアイスバインは二、三人前用で5250円。（要予約）
待つことしばし、やってきましたアイスバインが、湯気をあげて。
ということは温製が正しいようだ。
かなりでかい。

ケンタッキーでぜひ売り出して欲しい！
皮だけフライドチキンです

エートですね、ビデオテープ、あのぐらい大きく、肉全体の厚みはもっとある。

大きな肉塊はわけもなく人を感動させる。

しかもその感動の肉塊が感動の皮で覆われているのだ。

ぼくの胸は激しく震動する。

骨つき肉だが店の人が食べる前に骨をはずしてくれる。

つけ合わせはマッシュポテトとザワークラウト（キャベツの酢漬け）。

マスタードが別皿でついてくる。

湯気の立つ巨大な肉塊を見つめる。

皮が、皮が、皮んとこが、テラテラ光って、それに、それに、その皮の厚さが、ンート、4ミリ！　もあって、その皮はトロトロ、ビロビロに煮てあるらしく、いまにも皮が肉からズルリとズリ落ちそうになっていて、あー、もー、こうしちゃいられない、ナイフで皮んとこを大きく切り取って口に入れれば、ビローッとしとるのにネチーッとしとって、モチーッとしとるのにヌルーッとノドの奥に消えていく。

塩味である。

塩味、きっぱり。

醤油を知らない塩味の食文化の人たちが作りあげた塩の料理。

ここんとこにほんの一滴、醤油をたらしてみたいが、たぶん店の人は許してくれないだろうな、でも、ちょこっと一滴、この隅っこのとこでいいからたらしてみたいな、でも、ぼくが店の人だったらそういうことをする人を絶対に許さないだろうな、という味。

脂はほとんど抜け落ちていて脂っこい味はせず、だけどかつて脂がたしかに在籍していた味。

アイスバインは豚のヒザから足首までの骨付きすね肉を、塩水に十日ほど漬けこむことから料理が始まる。

漬けこんだ肉を、食べる当日、お湯で3時間ほど煮る。

そのことによって皮の下の脂身はトロトロになり塩気もある程度抜ける。

皮おたく、トロトロの豚の皮んとこを堪能。

いいですか、ビデオテープ大で厚さ4ミリの豚の皮ですよ、ビデオテープが全部トロトロの皮ですよ、ちゃんと想像してくださいよ、その皮を堪能したんですよ。

もっと感動してくれなくちゃ。

◉学習「ミックスナッツ」

飛行機に乗ってビールなどをたのむと、いろんなナッツの入った容器や小袋をくれますね。

恥ずかしながらぼくはあのものの正式な名称を知らなかった。

だからとても困った。

飛行機の中でビールをたのみ、ビールはまだ残っているのだがあのものを全部食べてしまい、
もっと欲しいというときに困った。

スチュワーデスに何て言えばいいのか困った。

ミックスナッツって言うんですってね。

ミックスナッツはときどき食べてはいるのだが滅多なところではお目にかかれない。

飛行機のほかはホテルのバーぐらいかな。

気軽なレストランだと、ビールといっしょに小皿に入れたピーナツがついてくることがある。

ラーメン屋でビールをたのんでも、ピーナツか柿ピーだ。

なぜ飛行機とホテルだけなのか。

この答えは簡単で、要するに人気がないからだと思う。

ぜひビールといっしょにミックスナッツを食べたいと思う人はあまりいない。

じゃあ、なぜ飛行機とホテルのバーではミックスナッツを出すのか。

この答えも簡単で、両者とも外国人がからんでいるせいだと思う。

外国人にはミックスナッツは人気があるらしい。どういうわけか日本人にはミックスナッツは人気がない。

ぼくもミックスナッツ、あんまり好きじゃないな。ミックスナッツより柿ピーだな。

ミックスナッツというからには何種類かのナッツが入っているわけだが、何種類か知ってますか。

四種から八種類だそうです。

ぼくが知っているのは、クルミ、アーモンド、カシューナッツぐらいなのだが、このほかにブラジルナッツ、ヘーゼルナッツ、ピカン、ジャイアントコーンとかいうのもあるらしく、なぜか、なーにがへーゼルナッツだ、と、反感を持ってしまうのはなぜでしょうか。

ホテルのバーなどでビールをたのむとミックスナッツが出てきて、ほかにツマミがないので仕方なくこれを食べることになる。

一粒つまみあげてしげしげと眺め、これは何だ？　と思うがわからず、わからないまま口に入れる。

次の一粒もこれは何だ？　と思い、しかしわからないまま口に入れる。

その次の一粒もこれは何だ？　と思い、思ってもどうせわからないのだから思わなければいいのにと思うのだがやはり思ってしまう。

一粒ずつ、何とかして確かめたいわけですね。

そうしたらですね、あるとき、やはりホテルのバーのカウンターでビールを飲んでいたら、隣にアメリカ人らしい三人組がすわった。

特別にサービスしてもらったらしく、大皿に大盛りのミックスナッツが出ている。

その三人組はですね、三人が三人とも、いちいちこれは何だ？ と点検しないんですね。

しないばかりか、三人が三人ともザクッと指でつかみ取ってそのまま口に放りこんでいる。

どの粒がどういう味で、どの粒がどういう割合で入っているか、とか、そういうことに三人が三人とも興味がないんですね。

それこそ〃ミックスの味〃ということでいいんですね。

日本人はどうしても一つ一つ点検したがる。

たとえば五目ちらし。

日本人は混じりこんでいるものを、うん、これは椎茸、とか、うん、これは干瓢、とか、ひとつずつ認識しながら食べる。

だが、さすがに五穀米となると、これは粟だな、とか、稗《ひえ》だな、とか認識しながら食べたりはしない。

どうやらアメリカ人は〃ミックスナッツの五穀米食い〃をしてるらしいんですね。

アメリカ人は体がでかいから、日本人が米の大きさに抱く感覚が、ちょうどナッツの大きさになるのかもしれない。

それにしても、うーん、ああいう食べ方でいいのかなあ。

だってクルミもアーモンドもヘーゼルナッツも、口の中でグッチャグチャなんですよ。

いま口の中で味わっているものが何と何なのかもわからずグッチャグチャ。

日本人は柿ピーというたった二種類のミックスものさえも、いまはピーナッツ、その次は柿の種というふうに味わい分けているというのに。

ぼくなんか、あの、ほら、アーモンドと小魚のミックスものがありますね、アーモンドをタテに細長く切断し、小魚の干したやつを混ぜたやつ、あれでさえいっしょには食べませんね。

今回は細長いアーモンドだけ、次は小魚、というふうに食べ分けている。

この「アーモンドと小魚ミックス」をホテルのバーでアメリカ人三人組に出したらどうなるか。

その横で、日本人であるぼくが、アーモンドの細片と小魚を選り分けて食べているのを彼らが見たらどう思うか。

あんまり味のないアーモンドをカリッと食べたあとの、ちょっと湿って塩っぱい小魚は、これまたいっそうおいしんだよね、

なんて言うだけ無駄なんだろうな。

◉ワンカップの勇気

その名も高き「ワンカップ大関」。

知らない人、いませんね。

あのものに対して世間一般はどのような印象を持っているのだろうか。

〝おやじの酒〟、そういう印象だと思う。

そのおやじも〝切羽詰まったおやじ〟。

どう切羽詰まっているかというと、

「とにかく、いま、すぐ、ここで、立ったまま、一刻の猶予もなく、グイーッと一気に」

という〝いますぐおやじ〟。

夕方の駅のホームなどでときどき見かけるが、〝いますぐおやじ〟は飲み方も早い。

多くて三口、早い人は二口、もっと早い人は一気。

こういう飲み方に対する評価は二つに分かれる。

一つは「かっこいい派」。

西部劇に登場するジョン・ウェインなどは、ワンショットのウィスキーをカパッと一気に飲む。

昔は
早朝
酒屋へ
ツカツカと
寄り
一合ビンを
一気に飲み
ほして何事も
なかったように
仕事に行く職人がたくさんいた
塩
クイー
弁当

もう一つは「否定派」。

お酒というものはだね、徳利から盃にトクトクと注いで、ゆっくり、ちびちび、これが本道、という〝トクトクおやじ〟派。

世間一般のこの二派に対する評価は、どちらかというと〝トクトクおやじ派〟のほうに点が甘い。

特に若い女性は〝いますぐおやじ〟に点が辛い。

と、これまでは世間の趨勢はそういうことだったのだが、ここへきて何やら様子が変わってきたようなのだ。

若い女性たちがカップ酒に理解を示し始めたというのだ。

「昨年の三月ぐらいから、立ち飲みブームの影響もあって、若い女性たちを中心に人気に火がついた」

「女性客にうけるために、カップのラベルにバンビなどをあしらうようになった」

とかの記事があちこちで見受けられるようになってきたのだ。

「最初は中高年を狙ってワンカップ酒場を開いたのだが、フタを開けたら意外にも女性客が多かった」

という記事もある。

ワンカップ大関が世に出たのはいつごろのことだろうか。

ぼくが大学生のころ、わが家は酒屋（小売り）をやっていたのだが、そのころはまだワンカップものはなかった。

そのかわりビンの形をした一合ビン入りの日本酒はあった。

ぼくはまだ若く、精神的につらいことも多々あり、そういうときは切羽詰まった気持ちになって、店のその一合ビンをグイーッと一気に飲み干したりしたこともあった。

〝いますぐおやじ〟ならぬ〝いますぐ学生〟だったわけです。

つまり、一合一気飲みの豊富な経験の持ち主であるわけですね。

そういうわけなので、そういう店に若い女性が押し掛けているなら、さっそくそこに駆けつけて、カップ酒一気飲みの勇姿を見せつけてやろうじゃないの、見せつけてうっとりさせてやろうじゃないの、うっとりとなった女性を一人、お持ち帰りしようじゃないの（できたら）と思いたった。

思いたったものの、一合一気飲みは、もう何十年もやっていない。

いま、はたしてできるだろうか。

「酒はワンカップものと決めています」というおやじも多い
この厚手のフチの口触りがいいんだよね

うーむ、どうなんだろう。

簡単にやれそうな気もするし、とんでもないことになるような気もする。

卒倒ということも考えられるし、急性アルコール中毒でピーポーということも考えられる。

でも、こうなったら、やれるかやれないか、とにかくやってみよう。

それにしても、急にとんでもないことを思いついてしまったものだ。

動機は確かに不純ではあるが、一種の体力テストの意味もある。

とりあえずカップ酒を買ってきた。

リングを引っぱってフタを開ける。

カップのフチまで、ナミナミと酒が入っている。

口のところに持っていく。

プーンと日本酒のいい匂い。

ここまできたらもう引くに引けない。自分でもとんでもないことになった、と思う。

なんだか胸がドキドキする。

それまでイスにすわっていたのだが、コップを持ったまま立ちあがる。

左手を腰に当てて仁王立ちになる。

もう一度カップを口のところに持っていく。

あとはもうカップの底を上にあげるだけでいい。そのまま一気に流しこめばいい。

が、できない。それができない。もし万が一のことがあったら。

が、案外簡単にできるかもしれない。飲み終わって、ナーンダ、ということになるかもしれない。

一度イスにすわり直し、もう一度立ちあがる。

カップを口に当てる。

もしかしたら、これで命を落とすことになるかもしれない。

また口からカップが離れる。

イライラするなあ、もう、という読者の声が聞こえてくる。

あのね、いいかげんにしなさい、グッと一気に飲んじゃいなさい、飲んで死んじゃいなさい。

そんなことというけど、じゃあ、あんたできるか？　一合一気にグーッと飲み干せるか？

結果だけ報告します。

結局やりました。

ただし半分だけ。半分一気飲み。

しばらく天井だけグルグル回ってました。

◉鰻丼を立ち食いする

「きょうの昼めし何にしようか」

と考えたとき、ふつう頭に浮かぶのは、カレー、ラーメン、そば、スパゲティあたりで、鰻がその選択肢に入ることはまずない。

ぼくはその日も、当然カレー、ラーメンあたりを考えていたのだが、ふとしたことで鰻になってしまった。

本当にもう、人生いつどこで何が起きるかわかったものではない。

場所は神田。

神田といえば江戸時代から続いている老舗も多く、なにしろ、寿司食いねえ、江戸っ子だってねえ、神田の生まれよ、の神田である。

寿司でも天ぷらでも鰻でも、有名店は数多くある。

その神田で鰻を食べたのである。

「あ、わかった。神田で鰻の老舗といえば外神田の『神田川本店』だな。あそこは江戸時代から続いている店だし……」

と思う人もいるだろう。

「あのクラスの店になると、客が注文してから鰻を割《さ》いたりするから、かなり時間がかかるんだよね。うん、わかった、そういう自慢話をする気だな」

と身構える人もいるかもしれない。

そういうのとはちょっと違います。

いや、うんと違うかな。

その鰻丼、立って食べました。

どうです、かなり違うでしょう。

というより、え？　と驚

いたんじゃないですか。え？　鰻丼を立って食べる？

でもって、その鰻丼にはちゃんと肝吸いめいたものも付いていて、その肝吸いめいたものにはうどんが入っているんです。

いいですか、落ちついてくださいよ、頭中整理してくださいよ、うどん入りの肝吸い付きの鰻丼を立って食べたんです。

しかも、その鰻丼は鰻屋で食べたのではなくそば屋で食べたんです。

そば屋で立って食べたんです。

ということは、もしかして、それって立ち食いそば屋じゃないの、と思ったでしょう。

正解です。

立ち食いそば屋で鰻丼を立って食べたんです。

580円でした。

JRの神田駅の、西口改札近くにある「そば処田毎」という店。

最初ぼくも驚きました。

ホームを降りてふと見ると立ち食いそば屋があって「うな丼セット　580円」という絵入りの看板が店の入口の足元にある。

鰻丼とセットになっているものは何かというと「そば・うどん」です。

いいですか、鰻丼が580円なのではなく、うどん（ぼくはうどんにしたので）がセットになって580円なんですよ。

券売機で「うな丼セット　580円」のボタンを押し、その食券をカウンターに置く。

そばかうどんか、どちらかを言わなければならないので「うどん！」と言って置く。

鰻丼をたのんでいるのに「うどん！」と言ってる自分がなんだかヘンだ。

四角いお盆にやや小さめの丼の鰻丼。

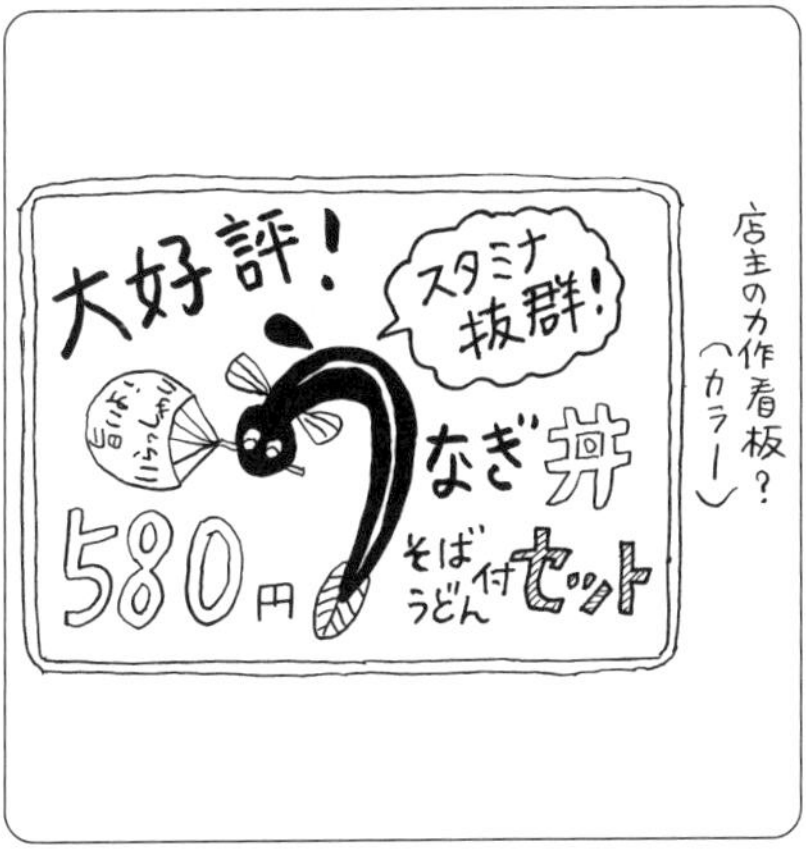
店主の力作看板？
（カラー）
大好評！
スタミナ抜群！
うなぎ丼
580円
そばうどん付セット

やや小さめのうどん。キュウリのキューちゃん風お新香の小皿。

確かに鰻はふつうのより小さいが、ふっくらとしていて身も厚い。

うどんのほうには立派なキヌサヤが三本入っていてその横に麸が一個。

かけよりワンランク上だがきつねより半ランク下、といったところかな。

鰻屋の中には、肝吸いの中に鰻肝のほかにキヌサヤや麸を入れたりする店もあるから、考えようによっては、これは〝肝を取り去って代わりにうどんを入れた肝吸い〟と考えられなくもない。

実際に鰻丼を食べていると途中でどうしても肝吸いが

欲しくなる。

ふと下を見ると、そこにはツユの入った器があり、これを肝吸いのつもりですすると、そこにはうどんが入っているので、ついでにうどんを二、三本すすり、もう二、三本すすり、ついでにツユをすすると、気分はいつのまにかすっかり〝うどんの気分〟になっていて、これはなんだな、廂《ひさし》を貸して母屋を取られるというやつだな、などと考え、苦笑しつつ母屋のほうへ戻る。

本物の肝吸いならば鰻丼の家来ということで、いわゆる主人持ちということになるが、こっちが勝手に肝吸い扱いしているこのものは、ちゃんと一家を構えているわけで、それなりの礼節は尽くさなければならない。

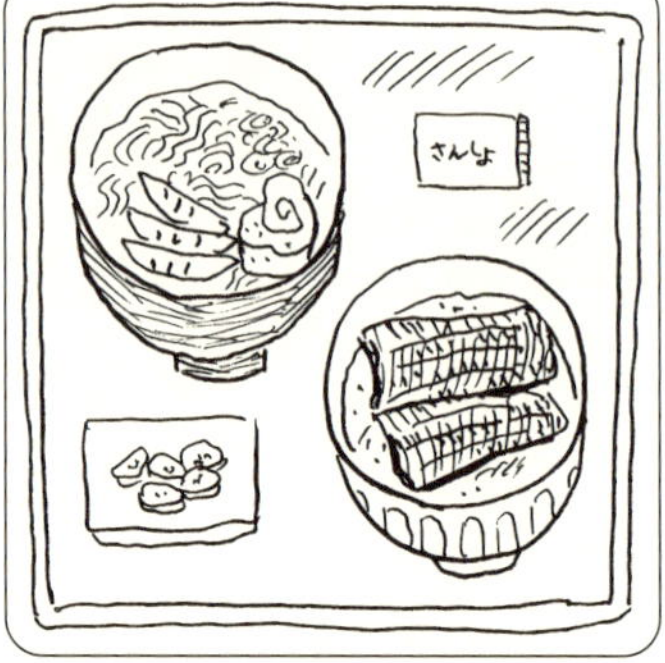

ツユだけすすって退散、というわけにはいかないのだ。

主人のうどんにも、一応挨拶しなければならないのだ。

というわけでもないのだが、ツユをすするとどうしてもついでにうどんを二、三本ということになってしまう。

今度こそツユだけ、と思っていても、いつのまにかうどんを二、三本、ついでにもう二、三本ということになってしまう。

鰻丼の味のほうですか。

これがなかなか、どうしてどうして、ゴハンは熱く、思ったよりおいしく、鰻のほうだってふっくらと柔らかく、気軽なお店やファミレスなどで出す鰻丼と何ら遜色のないものでした。

立ったまま、鰻丼の丼とうどんの丼を代わる代わる手に持って食べるわけなのだが、うどんのときはごく自然に食べているのに鰻丼のときはなんだかぎこちなくなる。

ぎくしゃくする。

うどんのほうは立ち慣れしているのだが、ゴハン物は立ち慣れしてないということかな。

◉佐世保バーガーに想う

とりあえず佐世保バーガーというものがあると思ってください。

本当にあるの？　なんて思わないでください。

本当にあるんですから。

佐世保バーガーはもちろんハンバーガーです。

もちろん佐世保が出身地です。

終戦後、基地の街・佐世保で、米軍兵士を相手に売り出され、その後、郷土食として定着したので佐世保バーガー。

その佐世保バーガーで、いま世間が騒いでいる。

でかい、でかいと騒いでいる。

でかくて楽しくて旨いと騒いでいる。

テレビで紹介しているのをチラと見たところでは、マックのダブルバーガーの三倍ぐらい大きい。

はさんであるのも多彩で賑やかだ。

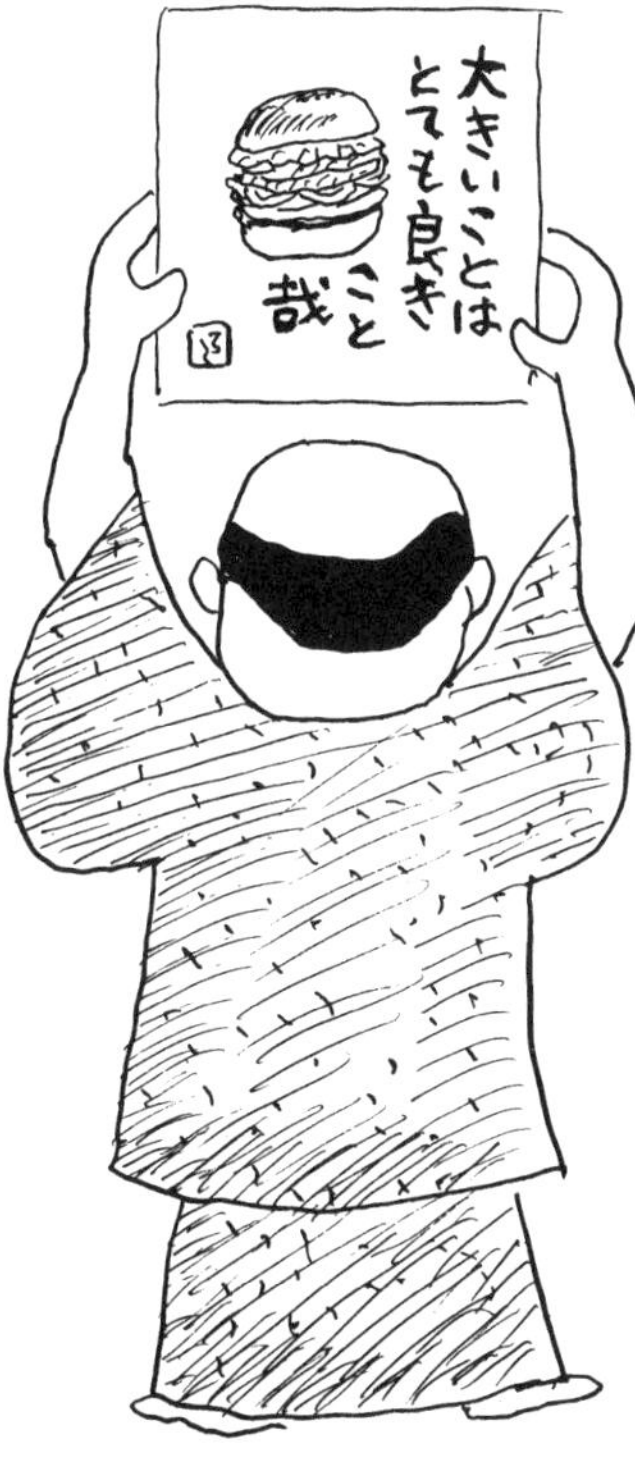

何でもそうだが、こういう常軌を逸したものには楽しさがある。

ぼくの仕事場のある西荻窪から電車で三つ目の高円寺にも、佐世保バーガーの店があると知って急いで駆けつけた。

メニューを見ると、レギュラーサイズ　６８０円、ジャンボ　１２６０円とある。

もちろんジャンボを注文。この店は注文があってから、パンも具も鉄板で焼く。温めるのではなく直接焼く。

パンを鉄板にのせて焦げ目をつけ、ハンバーグを焼き、ベーコンを焼き、ちょっと黄身をくずした目玉焼きを焼く。

したがって手に持ったとき熱い。包んだ紙の中から湯気が立ちのぼる。

はさむものは、いま書いたもののほかに、チーズ、トマト、玉ねぎ、レタス、そしてマヨネーズ、ケチャップたっぷり。

それにしても聞きしに勝るでかさ。

直径18センチ、高さ8センチ。

「高さ8センチ」を覚えておいてくださいね。

それより何より驚いたのはズッシリとしたその重さ。

手に持ったとき、「1キロぐらいあるんじゃないの」と思ったほどだ。

そのズッシリしたやつを両手で持って口のところへ持っていくのだが、なにしろ高さ8センチ、人間が開けられる口の大きさは5センチ、この3センチの差をどうする。

「つぶしながら食べてください」

と店の人が言う。

それはそのとおりなのだが、せっかくこうして高く積みあげたものを、むざむざ押しつぶすのは何とも惜しい。

何とか方法はないものか。

といったって、このまま口の中に押し込もうとすれば、鼻の穴のところまでパンがくるから息が苦しい。

仕方なく少しだけ押しつぶし、ようやく口の中に押し込む。

押し込んだまま、しばらくそのままにしている。

ハンバーグの香ばしさ、ベーコン、目玉焼きの匂い、パンの匂い。

ゆるゆると舌の上に流れ出てくるマヨネーズとケチャップ。
その全部が口のところで温かく、香ばしく、こうしてこのものをくわえたまま、五分ほどはじっとしていてもいいな、と思ったのだが、人も見ているし息も苦しいのでくわえた部分を噛み切る。
アグアグと噛みしめれば、口の中のあっちでベーコン、こっちでトマト、そっちで玉ねぎシャリシャリ、ハンバーグじっとり、マヨネーズ、ケチャップゆるゆる、目玉焼きホクホク、そして口の中一杯に広がるそれらから立ちのぼる湯気シットリ。
これらすべて、ハンバーガーが巨大なるがゆえにもたらされる口中の豊饒である。

噛み取ったものを噛みしめながら、噛み取った跡をそれとなく眺めれば、噛み取ったがゆえの混乱がそこにはあった。

もともと乱雑に積みあげられていた断層が、噛み取ったことによってゆがみ、ずれ、よじれ、はみ出し、垂れ下がり、そこには明らかに秩序の崩壊があった。

海苔巻きの太巻きの場合は、何回噛み取ってもそれなりの断層の美学は維持されるが、ハンバーガーはたった一回噛み取っただけで、あたり一帯はゴミバコ状態となる。

あたり一帯は混乱を極める。

「人間は混乱を目のあたりにすると、とりあえず秩序の維持を目指すが、それが不可能と知ると、とたんにその混乱に身を投じようとする傾向がある」

とはデカルトの言であるが（ウソです）、ぼくはそのゴミバコ化した断層を見たとたん、そっちのほうに身を投じた。

急に楽しくなった。

無秩序、混乱は意外に楽しいものなのである。

大雪の日、台風のとき、外へ出て行くの、なんだか楽しくありませんか。

ほんの少しワクワクしませんか。

台風とはちょっと違うが、ぼくは巨大ハンバーガーの混乱が急に楽しくなり、噛みついては食いちぎり、また噛みついては食いちぎりしているうちになんだか興奮してきてその速度がだんだん速くなり、食いつき方も激しくなり、狂おしいような気持ちになっていくのだった。

巨大ハンバーガーに激しく食いつきながら、しかしなんだな、オレってもともと秩序より混乱を好む人間なんだよな、しかしなんだな、ハンバーガーの食いかけのところを見てこんなことを思うなんて、オレってやっぱりフツーじゃないな、と、つくづく思うのだった。

◉酢、許すまじ

酢、許さん。

酢、のさばるな。

おじさんは怒っているのだ。

なんか知らんが、最近酢を飲め、酢を摂《と》れの声がしきりである。

中国の黒酢がカラダにいい、とか、やずやがどうした、とか、酢は疲労回復を早める、とか、

「バカ、ケチ、ナマケは酢を飲まない」なんて本もあったような気がする。

世間がどんなに騒ごうと、おじさんは酢が嫌いなのだ。

酢はおじさんのカラダに合わないのだ。

酢を飲め飲めとあまりにうるさいので、そんなに言うなら、と、盃一杯ぐらいの酢を、あおるようにして飲んだら、ちょうどノドのあたりに酢がさしかかったところで突然むせた。

酢のツンツンにケホケホむせる。

いったんケホケホがおさまって、このへんでケホケホおしまいかな、と思っていると、また突然激しいケホがくる。

盃一杯の酢で10ケホケホはいく。

このケホケホは相当激しく、手や足が震えることさえある。

当人としては、なにしろカラダにいい酢であるから、無事にノドのところを通過させて体内に摂りこませようと思うのだが、ノドのところがこれに反対する。

当人は、酢、許す、と言っているのだが、ノドが、酢、許さん、と言っているのだ。

これはもはや、当人の嗜好の問題を超えて、明らかに生理的な拒否反応としてとらえられなければならない。

　このようにおじさんは酢で苦しんでいるのに、女性一般はこうした拒否反応はまるでないらしい。

　盃一杯で10ケホ、という話をしても、

「アラ、そうなの」

などと言いつつ、コップになみなみ一杯の酢をゴクゴクと飲んでみせ、おじさんはそのゴクゴクを見て、思わず、

「ヤーメーテー」

と、かつてのオウム事件の横山弁護士の口調で叫ぶことになる。

　このときおじさんはつくづく思う。

　あー、女と男は根本的に違うのだ、心もカラダもノドも違うのだ、と。

「でも、ホラ、おじさんが大好きな居酒屋ね、あそこのメニューに『酢の物』がいっぱい並んでるじゃないの。タコ酢、とか、モズク酢、とか、あ、そうそう、しめ鯖、あれなんかおじさんの大好物でしょ」

と、女の人は反論してくるに違いない。

　そう、それはそのとおりだ。

　おじさんは寿司も好きだ。餃子も好きだ。

だがトコロ天あたりから少し怪しくなる。

警戒心が少し強まる。

うんと酢っぱいトコロ天だと、２ケホぐらいはいくからだ。

サラダドレッシングとなると、警戒心はさらに強まる。

ワインビネガーがどうのこうの、などと書いてあるドレッシングで、そいつがドブドブかけてあったりすると5ケホはいく。

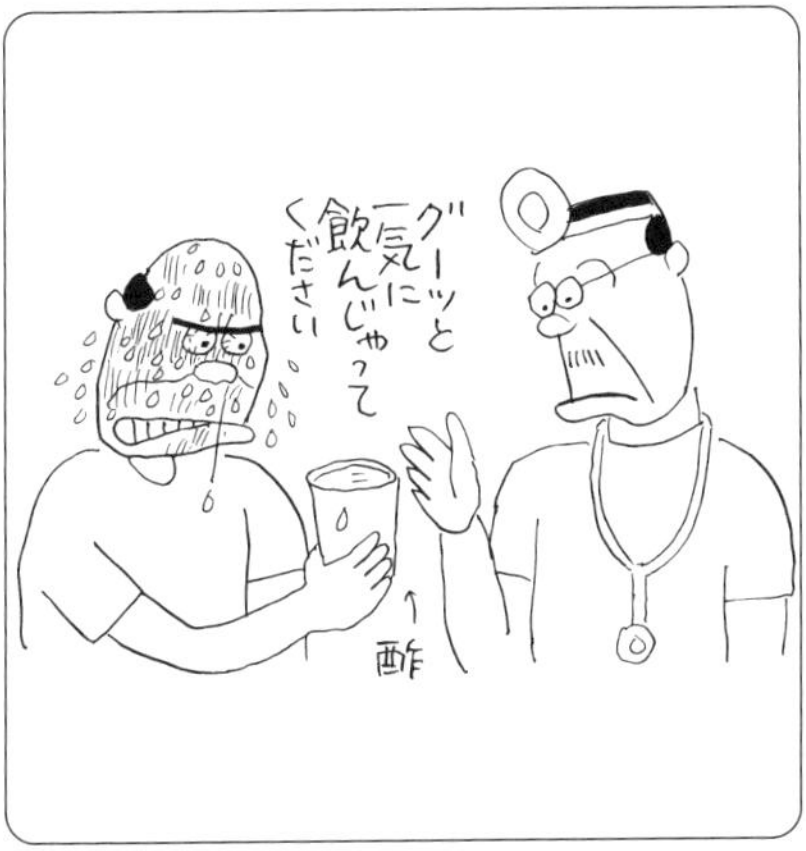

おじさんというものは「酢」という文字に敏感で、かつ警戒の目を光らせながら暮らしているものなのだ。そうしたある日、「酢バー」なる文字が目に飛びこんできたのである。

「酢バァー？」

と、おじさんの声は尻上がりに黄色くなった。

「酢ぅ飲ませて金取るんかーッ」

と、さらに黄色くなった。

健康志向の「飲む酢」がはやる中で、「酢バー」「酢カフェ」が登場したというのだ。

アルコール入りの様々な酢カクテル、アルコール抜きの酢ドリンクなどを飲みに、そうしたところに立ち寄る人が増えてきたという。

「けしからん」

とおじさんは思った。

その記事をおじさん仲間に見せると、

「許さん」

「言語道断」

「退治しろ」

酢を使った「酢イーツ」
というのもある
ミルフィーユ
黒酢ソース
アイスクリーム

「征伐しろ」

と口々に叫ぶのだった。

おじさんは次第に桃太郎のような心境になり、酢バーに酢退治に行かねば、と思うのだった。

とりあえず表参道駅の近くにある酢カフェ「OSU-Café@Li-mapuluh」に行った。

店の前面がオープンテラスになっていて、パラソルの下、若い娘やカップルが、グラスの酢ドリンクらしきものをストローでチューーチューー吸っている。

ヘソ出し娘もあちこちにいる。

おじさんが一番似合わない店だ。

おじさんはひるんだ。

退治どころではなくなった。

急にコソコソして、コソコソとメニューを手に取った。

この店は普通のカフェなのだが、期間限定で酢関係のものものもやっている、というメニュー構成になっている。

「酢もの系」は、アルコール入りが2種、ノンアルコールのものが4種類。

「アマレット〝o-su〟クーラー」というのを注文する。

700円。

これが意外に美味。

ノーツンツン、ノーケホケホ。

お代わりさえしてしまった。

これでは「退治しろ」のおじさんたちに申し開きができない。

が、一応報告すると、こう答えが返ってきた。

「鬼退治に行ったら鬼がいなかったんだからしょうがないやな」

◉冷やし中華を盛りそば食い

どうしてもこれ、多くの人に試してほしいんだけど、たぶんダメだろうなあ。

この文章、読み流してそれっきりってことになるんだろうなあ。

でも一応頑張ってみる。

みんなにやる気を起こさせるよう努力してみる。

スーパーなんかで生麵の冷やし中華の袋を見て、そうだ、冷やし中華作ってみっか、と思うことってありますよね。

時あたかも「冷やし中華始めました」のシーズンだし、袋には色鮮やかな具をのせた冷やし中華のカラー写真がのっているし……。

もともとぼくはスーパーの「中華系袋入り生麵コーナー」が好きで、必ず一度はそこで立ち止まり、ひとわたり見回し、時には袋の生麵のあたりを意味もなくやわやわとモミモミしたりするのが好きなのです。

そういうわけで、つい冷やし中華の袋に手を出そうとし、そうだ、冷やし中華ということになればまずキュウリが要るな、それにハムも欠かせないな、できたら錦糸卵も加えたいし、あ、そ

下1/3だけを
ツユにひたして
食べるのが
正しいのか
どうか
論議の
またれる
ところで
ある

うだ、辛子も要るけどウチにあったっけ、と、考えているうちに面倒になってきて差し出した手を引っこめるってことあるでしょう。

そうしたわずらわしさを一掃する食べ方、すっきり、さっぱりした本来の冷やし中華の食べ方をこれから提案しようとしているのだが、たぶん賛同を得られないだろうなあ、と、いま深くため息をついている、と、こういうわけなのです。

その食べ方とはどんな食べ方か。

冷やし中華の具を一掃す

る食べ方です。

いま、目の前に冷やし中華があるとしますね。

そうしたら、上にのっかっている具を、全部取っ払ったところを想像してください。

皿のまん中に中華麵、麵の底部をひたしている少量のツユ。

え？　まさかそれをそのまま食えっての？　と早くもやる気をなくしたあなた、もうちょっとこらえてやってつかーさい。

ここからが大切なところなのですから。

麵を茹でるところから話を始めましょう。

袋の中から麵を取り出して茹でる。

茹でたら水で冷やす。

冷やして水気を切る。

ここから先がいままでの食べ方と全面的に違ってきます。

水気を切ったら、日本そば屋の盛りそばを盛るせいろというものがありますね、箱に竹のスダレを敷いたやつ。

あれに茹でて冷やした中華麵をのせる。

さて次はツユです。

ツユはそば猪口《ちょこ》に入れる。

冷やし中華のツユは味が濃いので水を少し足す。

そば猪口には、わりとたっぷりのツユが入っていることになります。

ここから先はもうおわかりですね。

そうなのです。

冷やし中華を〝盛りそば食い〟するわけなのです。

邪魔なんだよおまえら
と
怒鳴ってる
人をときどき
（見かけません）
見かける

中華麺を箸でつまんでそば猪口の冷やし中華のツユにひたしてズズッとすする。

またひたしてズズッとすする。

すすり方も、ズルズルではなく、そばっ食いのように力強くズズッと一気にすする。

ただこれだけのことで、これまで食べていた冷やし中華と、まるっきり違った味になることに誰もが驚くことでありましょう。

ほんとなんです。

ほんとうにびっくりします。

こうして食べると、中華麺そのものの味ってこういう味だったんだ、ということがはっきりわかる。

冷やし中華のツユって、よく味わうとこういう味なんだ、ということがよーくわかる。

そして、冷やし中華のツユって、飲んでもいいツユだったんだ、ということもわかる。

おいしんです、あれ、ちゃんと飲むと。

そばのツユと同等とはいわないが、それに近い位置にいるツユだということがわかる。

冷やし中華のツユは、ツユ界では下層階級に位置していて、飲んだら恥ずかしいよ、みっともないよ、と言われつつも、周りの人の目を盗んではチョビッと飲むという存在だった。

「冷やし中華のツユ飲むべし」

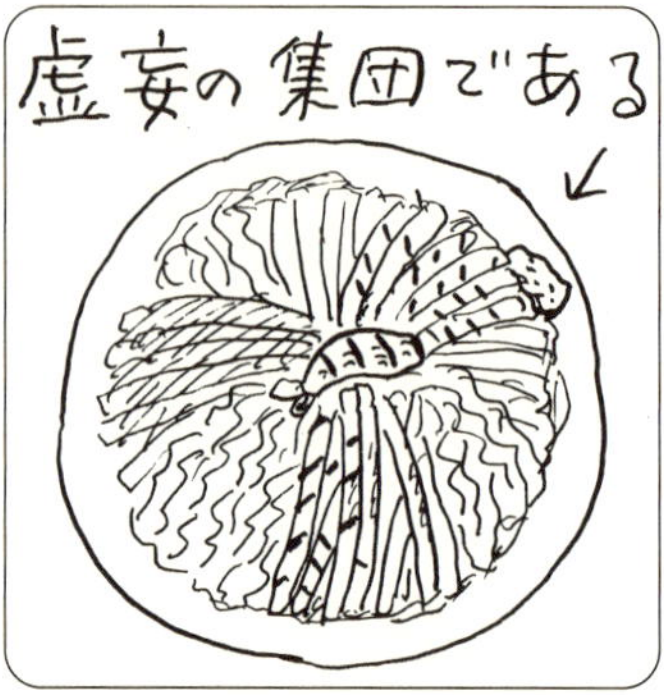

わたくしはいま、高らかにこう宣言する。

奴隷解放を宣言したリンカーンのように宣言する。

わたくしはこれから先、冷やし中華のツユの救世主として、冷やし中華のツユのヒトビトから崇め敬われる存在となるのだ。

ぼくは本来酢を好まないのだが、甘みとダシで割られた冷やし中華のツユは、それほどケホ感がなく、ツユだけ飲んでも充分においしい。

冷やし中華を〝盛りそば食い〟していてつくづく思うのは、〝猥雑さからの解放〟である。

冷やし中華は、食べていて上にのっかっている具をわずらわしく思うひとときがある。
具をかき分けたりして、邪魔だなあ、と思うこともあった。
ああいう連中と縁を切る、というのが新しい食べ方だ。
大体あの連中は一体何なのだ。
単なる寄せ集め集団で、もともと大した連中ではなかったのだ。
こうして縁を切ってみると、そのことがよーくわかる。

◉零下5度の氷室バー

子供の夢の一つに、

「お菓子の家があったらなあ」

というのがある。

家が全部お菓子でできていて、部屋の壁はさしずめスポンジケーキ。ときどき壁に指を突っこんではほじって食べる。子供はそういう子供らしい夢を見る。

大人はどうか。

大人の夢は現実的になる。

夏、うだるような暑さの中を汗だくで歩いている。目も眩むような炎天、酷暑、全身汗びっしょり。

こういうとき、

「氷のお部屋があったらなー」

と大人は思う。

小さくてもいい、四方全部氷でできていて内部はキンキンに冷えている。

全身汗でびしょぬれのまままその中に飛びこむ。とたんに全身を襲う霧状の冷気。壁の氷に頬っぺたを当てる。スーッといっぺんに引いていく汗。

　このときの快感はただならぬものがあるにちがいない。

　炎天の中を歩いていて、耐えきれなくなってコンビニに飛びこむことがある。デパートに飛びこむことがある。このときも全身からスッと汗が引いていって気持ちがいいが、氷の部屋の快感はその比ではあるまい。

大人の夢はまだ続く。

そういう氷の部屋が街のあちこちにあるわけです。

交番みたいにあるわけですね。

大きさも交番ぐらいで、街を歩いていて耐えきれなくなった人はそこへ飛びこむ。〝汗だく人立ち寄り所〟というわけですね。

もちろん有料で、料金はそうですね、500円ぐらいかな。

民営は費用的に無理だから当然公営ということになる。

いまのこの汗だくの汗がスッと引いてくれるなら500円払ってもいい、と思う人はかなりいると思う。

滞在時間はお一人様10分。

なにしろ氷の部屋の中の温度は零下5度だからそれ以上は居ようったって居られない。

そういう夢を実現したような部屋が、実はあるんです。

すでに東京にあるんです。

港区の西麻布の交差点のすぐ近くにある「アブソルート・アイスバー東京」。

こっちは夢の話ではなく現実の話であるからして、さっきの〝夢の氷部屋〟とはいろいろと違ってくる。

夢の氷部屋は灼熱の昼間にこそ必要なのだが、現実のほうはなにしろバーであるから、炎暑もおさまった午後6時の開店。

なにしろバーであるから中でカクテルとかソフトドリンクとか、そういうものを飲まなければならない。そうなってくると値段も500円というわけにはいかず3500円ということになる。

その代わり、滞在時間は10分ではなく45分間居られる。

汗だく人立ち寄り所設立準備委員会のメンバーとしては行ってみなくてはなるまい。行って将来の参考にしなくてはなるまい。

当日の昼間は36度の猛暑。

ビルの中二階のようなところにその店はあり、奥の氷の部屋の入口は二重扉。

最初、受付があって、そこで料金を払うと、南極探検隊のようなポンチョを着せてくれる。

いよいよ本番の氷部屋に入る。

外気温36度、氷部屋の温度零下5度。その差41度……41度の温度差を体はどう受けとめるのか、と思っていたのだが、入った瞬間は確かにヒヤッとするがそれほどの驚きはない……のだが、そのうちジワジワと頬っぺたが冷え、唇が冷え、腰が冷えてくる。

ガタガタ震えるというほどではないが確かに寒い。ポンチョが無かったら到底耐えられない冷気だ。

この部屋の中の全てのものが氷でできている。しかもその氷の全てが分厚くて大きい。

壁という壁が全て氷だ。

氷屋さんがシャキシャキ切っている墓石みたいな氷がありますね。

あれがズシンズシンと積み重なっていると思ってください。

店内にあるテーブルもそうです。椅子もそうです。カウンターもそう。透明でキラキラした大きな氷の塊が、キラキラと当てられるライトでキラキラと光っている。

透明の神秘というのでしょうか、この空間にはそういう不思議な空気が漂っていて、このとき10人ほどの若い男女の客がいたのだがみんなヒソヒソ声になっている。

別に大きな声でしゃべってもいいはずなのに、みんなボソボソとしゃべるのはなぜなのか。

周囲が全部氷なので、北極の白熊さんのような心境になってしまうせいなのか。

氷だけの世界にいると、なぜか〝遭難〟という言葉が頭に浮

かび、〝危機〟という言葉も浮かび、ここにいる人たちはグループは違っているのに、同じ境遇を体験しているという共通の認識があるせいか、見知らぬ同士がごく自然に声をかけあっている。

よく考えてみると、この氷の部屋は、いってみれば東北地方で行われるカマクラと同じ発想だ。カマクラの中では火が焚かれ、その上におでんの鍋がかけられ、燗酒で一杯という世界になる。

そういうわけなので、この氷の部屋にも囲炉裏を掘り、それを囲んでみんなで一杯、ということにすれば、いまここにいる数組のＯＬグループとただちに合コン、そしてただちにお持ち帰り、ということになったらいいのにな、なんてことを考えつつ、アブソルートフレイというカクテルを飲むのでした。

〈初出誌〉「週刊朝日」２００５年12月16日号～２００６年９月８日号（「あれも食いたいこれも食いたい」）

コロッケの丸《まる》かじり

2007年9月30日　第1刷発行

著　者　東海林《しょうじ》さだお
発行者　矢部万紀子
発行所　朝日新聞社

〒104-8011　東京都中央区築地5－3－2
電話　03-3545-0131　振替　00190-0-155414
［編集］書籍編集部　［販売］出版販売部

印刷所　凸版印刷

　ISBN978-4-02-250328-2
定価はカバーに表示してあります

東海林さだおの作品

1 タコの丸かじり
2 キャベツの丸かじり
3 トンカツの丸かじり
4 ワニの丸かじり
5 ナマズの丸かじり
6 タクアンの丸かじり
7 鯛ヤキの丸かじり
8 伊勢エビの丸かじり
9 駅弁の丸かじり
10 ブタの丸かじり
11 マツタケの丸かじり
12 スイカの丸かじり
13 ダンゴの丸かじり
14 親子丼の丸かじり
15 タケノコの丸かじり
16 ケーキの丸かじり
17 タヌキの丸かじり
18 猫めしの丸かじり
19 昼メシの丸かじり
20 ゴハンの丸かじり
21 どぜうの丸かじり
22 パンの耳の丸かじり
23 ホットドッグの丸かじり
24 おでんの丸かじり
25 うなぎの丸かじり
26 パイナップルの丸かじり
27 コロッケの丸かじり

傑作選シリーズ

朝日文庫刊

- 東海林さだおの弁当箱
- 東海林さだおのフルコース
- 東海林さだおの大宴会

特 別 版

- 東海林さだおの満腹大食堂

丸かじりに登場した名店の数々を紹介するカラー版グルメガイド